Franziska Scheffler

Geschlechterdifferenzierung in der Arbeit mit Obdachlosen

Armut und Geschlecht als Faktoren sozialer Ungleichheit

Bibliografische Information der Deutschen Nationalbibliothek:

Die Deutsche Nationalbibliothek verzeichnet diese Publikation in der Deutschen Nationalbibliografie; detaillierte bibliografische Daten sind im Internet über http://dnb.d-nb.de abrufbar.

Impressum:

Copyright © Science Factory

Ein Imprint der Open Publishing GmbH

Druck und Bindung: Books on Demand GmbH, Norderstedt, Germany

Covergestaltung: Open Publishing GmbH

Inhaltsverzeichnis

1 Einleitung

Wenn wir das Bild eines Obdachlosen vor uns sehen, erscheint uns meist ein bettelnder, ungepflegter Mann vor dem inneren Auge. Viele Menschen verbinden diesen mit einem Leben, in dem er versagt haben muss, vielleicht ist er alkoholabhängig oder nimmt andere Drogen. Die wenigsten Obdachlosen, die wir auf der Straße antreffen, sind weiblich. Stellen wir uns Frauen in der Obdachlosigkeit vor, sind diese misshandelte Frauen oder alleinerziehende Mütter und werden in Frauenhäusern aufgenommen, oder sie sind vielleicht auch drogenabhängig und prostituieren sich? Diese verinnerlichten Stereotypen bestimmter sozialer Gruppen haben sich über Generationen gesellschaftlich etabliert und halten sich in allen sozialen Schichten. Nun leben wir heute in einer Gesellschaft, die von 50 Jahren Gender- und Emanzipationsforschung geprägt ist. Während in den Katalogen weiterhin Spielzeugherde für Mädchen und Spiel-Werkzeug für Jungen verkauft werden, sind Transsexualität und Geschlechtsumwandlungen ein aktuelles Thema und die gleichgeschlechtliche Ehe wurde gerade in das deutsche Recht aufgenommen. Doch wie verhält sich die Geschlechterdifferenzierung unter den Marginalisierten in unserer Gesellschaft? Die Kluft zwischen Armen und Reichen wächst auch im Sozialstaat Deutschland, doch leben wir wirklich in einem Land in welchem Armut und Obdachlosigkeit überhaupt existieren muss? Obdachlosigkeit und Armut wird nach unserem heutigen konsumorientierten Verständnis in Verbindung mit Arbeitslosigkeit gebracht. Über die Zahlen der Arbeitslosigkeit ist sich die Literatur uneinig, da immer mehr Menschen gezwungen sind, ihre Existenz bei gleichzeitiger Erwerbstätigkeit durch staatliche Transferleistungen zu sichern. Auch die berufliche Gleichstellung von Mann und Frau scheint weiterhin ein Streitthema zu bleiben: „Da der soziale Status von Menschen in unserer Gesellschaft in hohem Maße mit der Erwerbstätigkeit der jeweiligen Personen zusammenhängt, handelt es sich um ein Merkmal, dem Männer sehr viel leichter zuzuordnen sind als Frauen. Die soziale Zuordnung von nicht erwerbstätigen Frauen wird dementsprechend überwiegend über die Erwerbstätigkeit des Mannes vorgenommen. Eine genauere Unterscheidung zwischen dem sozialen Status von Frauen und von Männern ist in unserem alltäglichen Denken weitgehend nicht vorhanden." (Clausen 1981, S: 29). Ist diese Aussage von 1981 heute noch gültig? Immerhin beträgt selbst im Bundestag der Anteil der Frauen nur 31 Prozent und die Zahl der Männer, die in Familien mit Kleinkindern leben und Vollzeit arbeiten ist erheblich höher als die der Frauen in vergleichbarer Lage. Armut und

Geschlecht als Dimension sozialer Ungleichheit ist ein aktuelles Thema, welches gerade den Bereich der Sozialen Arbeit berührt.

In dieser Arbeit soll analysiert werden, wie soziales Geschlecht in der marginalisierten Situation von Obdachlosigkeit im heutigen Sozialstaat gelebt wird und ob eine differenzierende Sozialpolitik in Form von geschlechtersensiblen Einrichtungen und einer entsprechenden Personalaufstellung auf diese Dimension sozialer Ungleichheit reagieren muss. Dafür soll zunächst geklärt werden, in welchem Kontext Geschlecht für diese Analyse relevant ist und ob die festgeschriebenen Stereotypen von sozialem Geschlecht in der Praxis weiterhin vorzufinden sind. Außerdem wird geklärt, welche Formen und Ursachen der Armut bzw. Obdachlosigkeit es heute in Deutschland gibt. Anschließend wird die Typisierung von sozialem Geschlecht auf die Lebenssituation Obdachlosigkeit angewendet und anhand der Literatur analysiert. Der Fokus liegt dabei auf spezifischen Problemlagen von Frauen und dem Umgang von untergeordneten Männern mit der Darstellung ihrer Männlichkeit. Interessant ist, dass sich die Obdachlosenforschung in Hinblick auf das soziale Geschlecht in den letzten 20 Jahren zurückgehalten hat und die Werke aus den 1970er bis 2000er Jahren weiterhin ihre Gültigkeit behalten. Zur Überprüfung dieser Validität habe ich drei Einrichtungsleitungen aus einer gemischtgeschlechtlichen Notunterkunft und zwei Notübernachtungen, welche nur für Frauen zugänglich sind, zu den theoretischen Annahmen der bestehenden Stereotypen geschlechterdifferenzierenden Verhaltens befragt.

Das Ziel der folgenden Analyse soll ein Ausblick sein, wie sich geschlechtersensible Soziale Arbeit mit Obdachlosigkeit entwickeln könnte und was die entsprechenden Aufgaben und Anforderungen an diese Wissenschaftsdisziplin und praxisorientierte Profession sind.

2 Einführung in die Gender-Debatte

Um überhaupt von Geschlechterdifferenzierung sprechen zu können und diese auf das Thema Obdachlosigkeit anzuwenden, bedarf es zunächst einer genauen Definition, in welchem Kontext Geschlecht in dieser Arbeit relevant ist. Seit dem Aufkommen der Frauenforschung in den 1970er Jahren wurde das biologische Geschlecht in verschiedensten Theorien im soziologischen und psychologischen Zusammenhang beleuchtet, um das weibliche vom männlichen Geschlecht in unserem sozialen Handeln abgrenzen zu können. Die verbreiteten Stereotypen, die mit Männlichkeit und Weiblichkeit in Verbindung gebracht werden, haben dabei nicht unbedingt mit dem biologischen Geschlecht zu tun. Die Forschung ist sich jedoch einig, dass das biologische Geschlecht immer Grundlage für eine geschlechterdifferenzierende Sozialisation ist: „Soziale Praxis allgemein und Geschlechterpraxis insbesondere ist hier dadurch gekennzeichnet, dass die Dimension des Körpers „als Objekt der Praxis" [...] immer gegenwärtig bleibt. [...] Diese Bedeutung von ‚Körper' für soziale Praxis lässt nun der Sexualität eine besondere Bedeutung für die Konstruktion von Geschlechterverhältnissen zukommen." (Fichtner et al. 2005, S. 74). Im Folgenden sollen einige dieser geschlechterdifferenzierenden Abgrenzungsversuche erläutert werden und Basis für weitere Überlegungen sein.

2.1 Gender, Geschlecht – Begrifflichkeiten und aktuelle Diskussion

Wird in der heutigen Sozialen Arbeit von Geschlecht gesprochen, wird damit meist das von der Natur gegebene biologische Geschlecht gemeint (abgesehen von der Möglichkeit einer operativen Veränderung). Das Geschlecht, welches als Erklärung für die Differenzierung im soziologischen Sinne dient, ist jedoch das soziale Geschlecht (das Gender). Wenn es um die Differenzierung von Geschlechtern geht, ist das Konzept des *Doing Gender* nach West und Zimmermann in der Literatur führend. Die Zugehörigkeit zu einem Gender ist nicht angeboren, sondern entwickelt sich in der fortwährenden Entwicklung eines Individuums in Auseinandersetzung mit seiner Umwelt. Geschlecht wird also als soziale Konstruktion verstanden (vgl. Gildemeister 2010, S.137). Dabei orientiert sich das Individuum in seinem Verhalten an der herrschenden Norm in der Gesellschaft, in der es lebt. So ist es egal, welchem biologischen Geschlecht Individuen zugeordnet werden, es geht ausschließlich um zweigeschlechtlich differenzierendes Verhalten, welches unserer sozialen Wirklichkeit entspricht. Gildemeister definiert in ihrer kurzen Einführung zum *Doing Gender*-Konzept im „Handbuch Frauen- und

Geschlechterforschung" Gender als „die intersubjektive Validierung in Interaktionsprozessen durch ein situationsadäquates Verhalten und Handeln im Lichte normativer Vorgaben und unter Berücksichtigung der Tätigkeiten, welche der in Anspruch genommene Geschlechtskategorie angemessen sind." (Gildemeister 2010, S. 138). Individuen befinden sich also in einem ständigen Abgrenzungsprozess zwischen Männlichkeit und Weiblichkeit (egal welchem biologischen Geschlecht sie angehören), unter Heranziehung der gesellschaftlichen Norm von geschlechtskategorischem Verhalten. Individuen nehmen *Geschlechterrollen* ein, um diesen sozial geteilten Verhaltenserwartungen zu entsprechen. Verhaltenserwartungen ergeben sich durch gesellschaftlich anerkannte Typisierung von Merkmalen, die eher dem einen als dem anderen Geschlecht zugeschrieben werden (vgl. Eckes 2010, S. 179). Männern wird eher aufgabenbezogene Kompetenz, Selbstbehauptung, Stärke und Instrumentalität zugeschrieben, während Frauen expressiv und gemeinschaftsorientiert Wärme ausstrahlen. Nun stellt sich die Frage, welchen Nutzen Individuen aus dieser Geschlechterdifferenzierung ziehen. Die Zugehörigkeit zu einem sozialen Geschlecht gibt Menschen eine Identität und damit Sicherheit, sie schafft eine Basis zur Entwicklung von Persönlichkeit und Handlungsplanung (vgl. Connell 2006, S. 88 und Eckes 2010, S. 181). Diese Stereotypen halten sich schon seit Jahrhunderten und scheinen sich auch nur bedingt zu verändern.

Der Begriff des Habitus nach P. Bourdieu

Anschließend an die bereits erwähnten soziologisch zugeschriebenen Verhaltensmerkmale von Weiblichkeit und Männlichkeit sei das Konzept des *Habitus* nach Bourdieu genannt. So beschreibt er als Erster soziales Handeln im soziologischen Sinne als Ergebnis dauerhafter und übertragbarer Dispositionen (vgl. Krais/ Gebauer 2002, S. 5). Diese Dispositionen meint im Zusammenhang der Gender-Forschung Fähigkeiten und Merkmale, die sozial konstruierter Weiblichkeit und Männlichkeit zugeschrieben und im Zuge der individuellen Entwicklung verinnerlicht werden. Der Habitus bestimmt die soziale Struktur einer Gesellschaft und entwickelt sich parallel zu gesellschaftlichen Veränderungen weiter (ebd., S. 6). Individuen sind also in ihrem sozialen Handeln an einen Rahmen gebunden, welcher unter anderem die Arbeitsteilung zwischen Mann und Frau definiert: Männer sehen sich in der Rolle des Ernährers und Familienoberhauptes, während Frauen die Führung des Haushaltes und die Erziehung der Kinder übernehmen. (vgl. BAGW POS 03 2012, S.3 und Fichtner et al. 2005, S. 74). Zur Bedeutung des

Habitus-Konzeptes in unserer heutigen Gesellschaft soll in einem späteren Kapitel eingegangen werden.

Hegemoniale Männlichkeit nach R. Connell

Eine Vertreterin zum Thema soziales Geschlecht ist die Soziologin Raewyn Connell (im verwendeten Werk noch Robert William Connell), welche den Begriff der *Hegemonie* in den Diskurs brachte und als Weiterentwicklung des Habitus-Konzept von Bourdieu gesehen werden kann. Sie entwickelte zunächst ein Drei-Stufenmodell um die Beziehungen zwischen den sozialen Geschlechtern darzustellen (vgl. Connell 2006, S. 94ff.). Dies behandelt zum einen Machtbeziehungen zwischen den verschiedenen Geschlechtern: die Dominanz des Mannes (das männliche soziale Geschlecht) und die Unterordnung der Frau (das weibliche soziale Geschlecht), welche in unserer heutigen Gesellschaft auch als *Patriarchat* betitelt wird. Zum anderen behandelt dieses Modell die Arbeits- und Einkommensverteilung zwischen Männern und Frauen. Auch hier ist allgemein bekannt, dass eine Ungleichverteilung besteht und Frauen auf dem Arbeitsmarkt weniger und schlechtere Chancen haben. Außerdem festigen Männer ihre gesellschaftliche Machtposition durch ökonomischen Einfluss und berufliche Entscheidungspositionen (vgl. Fichtner et al. 2005, S. 44). Auch die emotionale Bindungsstruktur nimmt Connell in den Fokus. Dabei werden sowohl hetero- als auch homosexuelle Beziehungen und die damit wiederum verbundene Dominanz von Männern behandelt. In dieser Arbeit sollen jedoch lediglich heterosexuelle Beziehungen von Interesse sein, da diese in Bezug zu Obdachlosigkeit an Häufigkeit dominieren und eine weitere Betrachtung den Rahmen dieser Arbeit sprengen würde. Dieses hier veranschaulichte Modell der *hegemonialen Männlichkeit* dreht sich um die männliche Machtposition und deren Legitimation (vgl. Connell 2006, S. 98). Connell betont, dass Hegemonie jedoch nicht nur zwischen Mann und Frau praktiziert wird, sondern auch die Machtverhältnisse zwischen Männern klärt. So gibt es nicht eine einzige Form der Männlichkeit, sondern auch innerhalb dieser Geschlechtszugehörigkeit sind Unterordnung und Dominanz zu beobachten, die gerade in der Betrachtung von marginalisierten Individuen von Bedeutung sind.

Intersektionalität in der Gender-Debatte

Um die Machtverhältnisse zwischen und innerhalb der Geschlechter zu verstehen, muss soziales Geschlecht auch in Zusammenhang von Milieu betrachtet werden. So kann es zwischen verschiedenen Klassen oder Rassen und auch innerhalb der gleichen zu Marginalisierungs- und Ermächtigungsprozessen kommen (vgl.

Connell 2006, S. 102). Diese Phänomene geschlechterdifferenzierenden Verhaltens in Bezug auf andere soziale Ungleichheiten werden seit den 1980er Jahren vor allem im angloamerikanischen Raum, aber auch in Deutschland untersucht. „Sich auf die Strukturkategorie Geschlecht zu beschränken, ohne ihre Wechselwirkungen mit anderen Achsen der Ungleichheit zu beachten, ist reduktionistisch und wird dem Theoriestand und der Empirie moderner Gesellschaften nicht gerecht." (Lenz 2010, S.164). Dabei sei gesagt, dass es kaum Forschung zur *Intersektionalität* von extrem marginalisierten Männern, wie etwa Obdachlosen, in Deutschland gibt. Auch im angloamerikanischen Raum konzentrieren sich diese Forschungen hauptsächlich auf die Machtbeziehungen zwischen weißen und schwarzen Männern, welche für den deutschsprachigen Raum kaum von Bedeutung sind (vgl. Fichtner et al. 2005, S. 45).

2.2 Geschlechterdifferenzierung in der Sozialen Arbeit

Für ein professionelles Handeln als Sozialarbeiter*in ist es unabdingbar, sich in einer ständigen Auseinandersetzung mit den herrschenden Normen und gesellschaftlichen Rahmenbedingungen der Klient*innen zu beschäftigen. So ist es auch nicht ausreichend, lediglich den aktuellen Forschungsstand in Bezug auf soziale Geschlechterdifferenzierung theoretisch zu kennen, sondern er ist auch in der Praxis auf seine Gültigkeit zu reflektieren. „Geschlechtsreflektierend zu arbeiten bedeutet schließlich auch, die herrschenden, zum Teil uneindeutigen und sich wandelnden Normen zu Geschlecht immer wieder im Team gemeinsam mit den Klientinnen und Klienten auf ihre Wirkmächtigkeit im Alltag hin kritisch zu durchdenken." (Steckelberg 2011 in Lutz/ Simon 2012, S. 166). Wie groß diese Wirkmächtigkeit der stereotypisierten Geschlechterrollen wirklich ist, sei im Einzelfall zu betrachten und kann nicht paradigmatisch angewendet werden. Fallübergreifend ist jedoch zu beachten, dass Soziale Arbeit als Profession dort einsetzt, wo soziale Problemlagen von Individuen bestehen, also Menschen die in irgendeiner Art und Weise auch eine gewisse Marginalisierung erfahren. Dabei ist die soziale Problemlage Obdachlosigkeit sicherlich eine zu untersuchende Form der Marginalisierung, die sich in Deutschland finden lässt. Weiter ist wiederholt zu erwähnen, dass Geschlechterrollen gleichzeitig einengend wirken, aber auch eine gewisse Sicherheit bieten und Grundlage zur Entwicklung von Persönlichkeit sind. So liegt die Überlegung nahe, dass gerade Individuen in Problemlagen eher an den tradierten Geschlechterrollen festhalten, auch wenn sie sich damit in eine patriarchalische Ordnung drängen.

Auch wenn die Feminismus- und Emanzipationsforschung schon seit fast 50 Jahren aktuell ist, scheinen sich die tradierten Rollenbilder in der Praxis weiter zu halten. In einem Beitrag von Barbara Keddi aus dem Jahr 2010 heißt es noch, dass Frauen abhängig von Strukturmerkmalen wie Bildung, Milieu und Region die traditionellen Geschlechterrollen nicht so schnell aufgeben. Sie spricht von einer „Illusion der Emanzipation" (vgl. Keddi 2010, S. 437). Auch im Blick auf wohnungslose Frauen, oder denen, die Unterstützung in familiären Belangen benötigen, heißt es in einem Positionspapier der BAG Wohnungslosenhilfe: „Einige schämen sich auch ihrer Situation, ihres vermeintlichen Versagens. Sie orientieren sich immer noch an dem traditionellen Frauenbild: Eine Frau wird durch einen Mann, der ihre Existent sicherstellt, versorgt. Im Gegenzug stellt sie ihn dann durch eine ordentliche und ausreichende Versorgung und Haushaltsführung zufrieden. Aus diesem Rollenverständnis beziehen die Frauen ein hohes Maß ihrer weiblichen Identität." (BAGW POS 03 2012, S. 3). So sind es wohl auch weiter Frauen (abhängig vom sozialen Status), die statistisch betrachtet eher Gewalt oder sexuellen Missbrauch in der Partnerschaft erfahren, doch aus einem Wunsch nach Harmonie und Familie weiter Schutz bei dem Partner suchen (ebd., S. 3).

Auch in der Männerforschung werden diese Rollenbilder sowohl in der Praxis als auch in der Theorie weiter beobachtet, nicht ohne Grund haben Paradigmen wie die der Hegemonialen Männlichkeit seit den 1970er Jahren an Gültigkeit kaum verloren. So ist in unserer heutigen Gesellschaft Berufsarbeit existenziell für die Identität von Männern, welche gekennzeichnet ist durch die Betonung von Leistung oder dem Streben nach Erfolg und Autonomie (vgl. Fichtner et al. 2005, S. 74). Auch gibt es Diskussionen über die geringe Selbstwahrnehmung von Männern für ihre eigene Gesundheit. So scheint die Gefahr von Abhängigkeiten und die Überschätzung von Belastungsgrenzen weiterhin ein eher männliches Problem zu sein, wie auch das Gesundheitssystem eher von Frauen in Anspruch genommen wird (ebd., S. 99). Nun stellt sich die Frage nach dem Stellenwert von geschlechtsspezifischer Sozialen Arbeit.

In der deutschen Übersetzung der internationalen Definition zur Sozialen Arbeit heißt es: „Soziale Arbeit fördert als praxisorientierte Profession und wissenschaftliche Disziplin gesellschaftliche Veränderungen, soziale Entwicklungen und den sozialen Zusammenhalt sowie die Stärkung der Autonomie und Selbstbestimmung von Menschen." (DBSH 2016, S. 2). Sind Sozialarbeiter*innen nun also aufgefordert, der wissenschaftlichen Forderung nach gesellschaftlicher Veränderung in Bezug auf die Gleichstellung von Männern und Frauen nachzukommen, also Frauen aus dem unterdrückten Rollenbild heraus zu holen und gleichzeitig das männliche Geschlecht in seinem patriarchalischen Handeln zu bremsen? Oder ist es vielleicht sinnvoller, die strukturell bedingten Geschlechterrollen als gegeben zu akzeptieren und die im Einzelfall entstehenden Problemlagen mit einem angemessenen Angebot an Beratung und Unterstützung zu bearbeiten? Auch die subjektive Wahrnehmung von Autonomie und Selbstbestimmung muss behandelt werden. Während der*die Sozialarbeiter*in Autonomie als ein Ausbrechen aus den tradierten Rollenbildern interpretiert, wollen Klient*innen vielleicht über sich selbst bestimmen, indem sie sich diesen Rollenbildern hingeben. Dabei muss die Arbeit in bereits bestehenden geschlechterdifferenzierenden und -neutralen Angeboten reflektiert werden und in Zusammenarbeit mit den Klient*innen überprüft werden, wie diese Angebote angenommen werden. Eckes stellt sich in Bezug zur Arbeit mit Obdachlosigkeit sogar die Frage, ob es nicht sogar sexistisch ist, Frauen in eine untergeordnete Rolle zu drängen, wenn mehr frauenspezifische Angebote bereitstellt werden, als spezifische Angebote für Männer (vgl. Eckes 2010, S. 180). Gleichzeitig wird aber auch behauptet, dass in den sozialen Strukturen, in denen sich die Klient*innen befinden, Rollenbilder so verinnerlicht werden, dass es unmöglich ist, ohne professionelle Hilfe (durch Sozialarbeiter*innen) aus diesen herauszukommen (vgl. BAGW POS 03 2012, S.3). Außerdem spielt es ebenfalls eine Rolle, wie der*die Sozialarbeiter*in seine*ihre eigene Rolle in Hinblick auf die aktuelle Gender-Debatte bewertet. Fest steht, dass der wissenschaftliche Ansatz der Gender-Debatte eine große Rolle bei der Bereitstellung von Sozialer Arbeit spielt und elementar bei der Bereitstellung dieser praxisorientierten Profession ist.

3 Obdachlosigkeit im Kontext Sozialer Arbeit

Der Ursprung von Sozialer Arbeit findet sich in der Arbeit mit Individuen, die wir heute als Wohnungslose oder Obdachlose in unserer Gesellschaft wahrnehmen: den Ärmsten der deutschen Bevölkerung. Die Armenfürsorge hat eine bis in das Mittelalter zurückführende Geschichte und die Marginalisierten hatten stets einen eigenen Stellenwert in der gesellschaftlichen Ordnung, da sie den Gegenpol zu den Reichen darstellten und darstellen. Eine genaue Vorstellung von der Größenordnung Wohnungsloser und wie Obdachlosigkeit in unserem heutigen Sozialstaat überhaupt entstehen kann, existiert allgemein jedoch nicht. Armut wird im deutschen von Sozialhilfe gesteuerten System kaum noch wahrgenommen, während das Bild von Obdachlosigkeit als romantischer Schrei nach Freiheit oder das Versagen eines Einzelnen bagatellisiert wird. Doch inwiefern Obdachlosigkeit mit Armut wirklich zusammenhängt und welche Ursachen und Folgen Armut haben, soll im folgenden Abschnitt diskutiert werden. Außerdem soll geklärt werden, wie dringend und in welchem Ausmaß Soziale Arbeit für Obdachlose benötigt wird.

3.1 Armut, Wohnungslosigkeit, Obdachlosigkeit? – Eine Einführung

Die Vermutung liegt nahe, da jeder deutsche Bürger ein Recht auf die Sicherung eines Existenzminimums hat, dass es keine Armut in Deutschland gibt. Das Recht auf Wohnung ist zwar im Einzelnen nicht in unserem Grundgesetz verankert, jedoch verletzt fehlender Wohnraum das Recht auf Menschenwürde, freie Entfaltung der Persönlichkeit und auch der körperlichen Unversehrtheit (vgl. Artikel 1 und 2 GG). Außerdem folgt Deutschland dem Sozialstaatsprinzip, nach welchem den Schwachen in der Gesellschaft ausreichend Unterstützung zur Verfügung stehen soll. Es muss also zunächst geklärt werden, was Armut überhaupt bedeutet und wie es zur Wohnungslosigkeit kommen kann.

3.1.1 Armut als Grundlage für Wohnungslosigkeit

Wie bereits angedeutet, ist eine Definition von Armut in unserer heutigen Gesellschaft schwer zu finden. In jeder Epoche der Geschichte, in der Armut in den Fokus der Wissenschaft geriet, hatte sie eine andere Bedeutung. Generell sind die Armen sozial marginalisierte Gruppen, die im Verhältnis zur Norm ihrer jeweiligen sozialen Schicht unterdurchschnittlich viel haben (vgl. Lutz 2002, S. 344). Noch im 20. Jahrhundert wurde versucht, Armut durch fehlendes Einkommen im Vergleich zum gesellschaftlichen Durchschnitt zu messen, kam dadurch aber zu unterschiedlichen Ergebnissen, die wiederum zu gegensätzlichen Diskursen führten. Seit einigen Jahren wird Armut mit einem prozessorientierten Ansatz versucht zu erklären, der die individuellen Lebenslagen der Obdachlosen betrachtet und so versucht *Ausgrenzungsdynamiken* zu erkennen und zu erklären (ebd., S. 341). Aber auch heute kann keine einheitliche Definition von Armut gefunden werden. Der EU-Rat definierte 1984 arme Personen als die, „die über so geringe (materielle, kulturelle und soziale) Mittel verfügen, dass sie von der Lebensweise ausgeschlossen sind, die in dem Mitgliedsstaat, in dem sie leben, als Minimum annehmbar ist" (Bundesministerium für Arbeit und Sozialordnung, 2001 in Fichtner et al. 2005, S. 71).

Der Lebenslagenansatz

Dieser Definition folgend, orientiert sich die Wissenschaft heute am sogenannten *Lebenslagenansatz*. Dabei wird nicht nur das Einkommen von Individuen als Indikator von Armut genutzt, sondern auch die gesellschaftliche Teilhabe durch zum Beispiel Arbeit, Wohnen und Ausbildung – also Dimensionen, die ein „unbeschwertes Leben" ermöglichen (vgl. Schniering 2006, S. 14). Auch der Mangel an sozialem Kapital, also die Zugehörigkeit zu einer Gruppe oder sozialen Netzwerken, gehört zur heutigen Definition von Armut. Das Individuum befindet sich also in einer Lebenslage, die ihm*ihr als objektiver Handlungsspielraum zur Verfügung steht. Hinzu kommt, wie das Individuum mit dieser objektiven Lebenslage umgeht, also welche subjektiven Bewältigungsstrategien zeigen sich, um die aktuelle Lebenslage zu verarbeiten (z.B. Lebenszufriedenheit, Sozialbeziehungen, Gesundheit) (vgl. ebd., S. 16 und Sellach 2010, S. 474). Eine Operationalisierung zur Bestimmung von einem benötigten Maß an sozialer Teilhabe ist nicht möglich, da definitorisch nicht festgelegt ist, welche Dimensionen überhaupt dazu gehören und wann eine Unterversorgung beginnt. Jedoch ist sich die Literatur einig, dass eine materielle Unterversorgung die Möglichkeiten zur gesellschaftlichen Teilhabe beschränkt und dies wiederum zu sozialer Isolation und psychischen Gesundheitsschäden führen kann. „Das Problem der Bestimmung von Armut beinhaltet mehr als die Frage nach der Höhe des Einkommens. Arm im umfassenden Sinne ist, wer aufgrund seiner wirtschaftlichen Lage von den „normalen" Lebensvollzügen und Aktivitäten der Menschen in seiner jeweiligen Gesellschaft ausgeschlossen ist. [...] Die Ärmsten haben häufig die schlechteste Gesundheit und die schlechteste Wohnung. Sofern sie beschäftigt sind, haben sie die schlechtesten Arbeitsbedingungen, was wiederum ihr Einkommen und ihre Gesundheit negativ beeinflusst." (Lutz/ Simon 2012, S. 34). Dieser Lebenslagenansatz ist wohl das übliche Prinzip, um in unserer Gesellschaft Armut zu definieren. Die Sozialwissenschaftlerin Brigitte Sellach kritisiert an diesem Ansatz jedoch, dass geschlechterdifferenzierte Dimensionen wie etwa die Aufgaben in der Mutterschaft/ Vaterschaft, geschlechtsbedingte Benachteiligungen bzw. Privilegierungen und die der Selbstbestimmung außer Acht gelassen werden (vgl. Sellach 2010, S. 2010, S. 474).

Wichtig bei der Betrachtung von Armut ist, dass dieses Phänomen als Prozess gesellschaftlicher Ausgrenzung verstanden wird, dessen Bedeutung relativ ist und im jeweiligen sozialen und kulturellen Kontext analysiert werden muss. Politisch betrachtet sind Individuen also in Deutschland arm, wenn die Grenze von Einkommen unterschritten wird, die den Anspruch auf Einsetzen von Sozialhilfe auslöst (Lutz/ Simon 2012, S. 35).

3.1.2 Ist Jede*r Wohnungslose gleich obdachlos?

In der Wissenschaft wird zwischen *Wohnungslosigkeit* und *Obdachlosigkeit* unterschieden. Dafür hat der europäische Dachverband der Wohnungslosenhilfe FEANTSA einen Abgrenzungsversuch in Form der „European Typology of Homelessness and Housing Exclusion" (kurz ETHOS) unternommen. Er definiert „roofless people" (in der deutschen Übersetzung Obdachlose) als Menschen, die im öffentlichen Raum leben, während „houseless people" (in der deutschen Übersetzung Wohnungslose) zwar keinen eigenen Wohnraum zu Verfügung haben, aber für einen begrenzten Zeitraum in einer Notunterkunft, Einrichtung oder im Übergangswohnen leben (vgl. FEANTSA 2005). Nun ergibt sich das Problem, dass beide Begriffe bereits in der deutschen Übersetzung durch die Bundesarbeitsgemeinschaft Wohnungslosenhilfe Österreich anders zugeordnet werden. So werden Obdachlose sowohl als Menschen definiert, die im öffentlichen Raum (also „auf Platte") leben, aber auch als diejenigen, die in niedrigschwelligen Notunterkünften leben. Als Wohnungslose wird der Personenkreis derjenigen bezeichnet, die für einen begrenzten Zeitraum in einer Einrichtung (z.B. Frauenhäuser, Übergangswohnheime, Heilanstalten, Jugendheime) wohnen (vgl. BAWO 2005).

Auch die Literatur ist sich uneinig, in welchem Verhältnis Wohnungslosigkeit zu Obdachlosigkeit steht. Für Lutz und Simon ist Obdachlosigkeit der Oberbegriff: „Er bezeichnet ganz allgemein Menschen, die ihre Wohnung verloren haben. [...] Unabhängig von der Schuldfrage hinsichtlich des Wohnungsverlustes sind diese Menschen obdachlos. Dieser Zustand gilt als Ordnungswidrigkeit, die von der jeweiligen Kommune durch die Bereitstellung einer Notunterkunft [...] beseitigt werden muss. [...] Die Betroffenen werden in diese Unterkünfte eingewiesen. Sie erhalten keinen Mietvertrag [...]." (Lutz/ Simon 2012, S. 92f.). Wohnungslose werden in dieser Version als spezifische Untergruppe gesehen und sind: „zumeist allein stehende Menschen, die über die Tatsache hinaus, dass sie eben aktuell keine Wohnung haben, auch noch von besonderen sozialen Schwierigkeiten bedroht sind, die eine sozialarbeiterische Maßnahme zur Wiedereingliederung erforderlich machen." (ebd., S. 93). In Bezug auf die vorherige Darstellung des Zusammenhangs von Armut und Wohnungslosigkeit ist aber anzunehmen, dass jeder in der Situation von Wohnungslosigkeit Betroffene auch von anderen besonderen sozialen Schwierigkeiten bedroht ist, da sie in ihrer gesellschaftlichen Teilhabe beschränkt sind. Auch die Definition des „begrenzten Zeitraumes" ist schwer festzulegen, da die in der ETHOS genannten Notunterkünfte und Einrichtungen nur als Übergangsunterkunft dienen sollen, doch viele Wohnungslose gezwungen sind, sich aufgrund der lückenhaften Lage des Hilfesystems auch tagsüber und über einen längeren Zeitraum in diesen aufzuhalten[1] (vgl. ebd. S. 94).

In der vorliegenden Arbeit seien Obdachlose als Individuen ohne eigenen Wohnraum in besonderen sozialen Schwierigkeiten definiert, die hauptsächlich auf der Straße leben oder in einer niedrigschwelligen Notunterkunft untergebracht sind (hinzu kommen Formen der verdeckten Obdachlosigkeit bei Frauen). Besondere soziale Schwierigkeiten sind demnach die fehlende Möglichkeit zur eigenen materiellen Existenzsicherung und eine geringe oder keine gesellschaftliche Teilhabe. Die Abgrenzung der Notunterkünfte zu anderen Einrichtungen für Wohnungslose besteht darin, dass Notunterkünfte, wie es im Namen schon definiert ist, nur eine Lösung für eine akute Notlage sein sollen und der Aufenthalt je nach Frequentierung lediglich für die Nacht und begrenzt auf einige Wochen sein kann. Außerdem besteht aufgrund nachteiliger äußerer Umstände (z.B. Sucht, Krankheit, Straffälligkeit oder Gewalt- Missbrauchserfahrungen) die Gefahr des Unvermögens, selbstständig aus dieser Wohnungslosigkeit herauszukommen. Wohnungslosigkeit sei in dieser Arbeit als Oberbegriff für alle Menschen zu verstehen, die aktuell über keinen eigenen Wohnraum verfügen.

---

[1] Wie mir die Einrichtungsleitung einer Notunterkunft für drogenabhängige Obdachlose in Bremen bestätigte, halten sich einige Bewohner*innen bereits seit drei Jahren in der Einrichtung auf.

3.2 Die Entwicklung von Armut und Obdachlosigkeit in Deutschland ab 1970

Um die gesellschaftliche Bedeutung von Obdachlosigkeit in unserem heutigen Sozialstaat und das damit verbundene Hilfesystem in ganzem Umfang zu verstehen, ist eine kurze Darstellung der Entwicklung der wissenschaftlichen Betrachtung zu diesem Phänomen und die praktische Umsetzung der letzten Jahrzehnte nötig. In der Betrachtung der Bibliografie von Claus Paegelow von 2014 zu aktueller Literatur über Wohnungsnot, Obdachlosigkeit und Wohnungslosenhilfe fällt auf, dass die meiste Literatur aus den Jahren zwischen 1970 bis ca. 2000 stammt. Außerdem enthält sie ein eigenes Kapitel über Frauen in der Wohnungslosigkeit, jedoch nicht über Männer. Es stellt sich bei dieser Betrachtung der Frage, wie es zu diesem plötzlichen Interesse an Wohnungslosigkeit bzw. Obdachlosigkeit kam, warum es in den letzten zwei Jahrzehnten kaum neue Literatur gab und welchen Stellenwert Frauen in diesem Diskurs bekamen.

Im tradierten Bild von Armut wurde unterteilt in *würdige Arme*, also Arbeitsunfähige, Kranke oder Alte, die eine Berechtigung zu Armut hatten. Als *unwürdige Arme* wurde solche gesehen, die aufgrund ihrer körperlichen Konstitution zwar arbeitsfähig waren, aber arbeitsunwillig schienen (vgl. Lutz 2002, S. 352). Die sogenannten *Nichtsesshaften* galten als Menschen (vorwiegend Männer), die aus einem Freiheitsdrang heraus Arbeit scheuten und in einem alternativen Lebensentwurf den gesellschaftlichen Zwängen entflohen (vgl. ebd., S. 355 und Fichtner et al. 2005, S. 231). Dieser Blickwinkel entsprach dem deutschen Denken der Verpflichtung zur Arbeit. Durch die im 19. Jahrhundert aufkommende Industrialisierung entstand nun eine neue Schicht der Armut, welche durch gezwungene Arbeitslosigkeit bedingt war. Die Einführung des Sozialversicherungssystems sollte diesen männlichen Personenkreis in ihrer Lage helfen, während „Frauen [...] darin über den Ernährerehemann abgesichert" (ebd., S. 351) waren. Mit der aufkommenden Frauenforschung in den 1970er Jahren wandelte sich das Bild der Verfolgung und Marginalisierung der Armen und die Bedeutung der Armut von Frauen. Auch der Blickwinkel in der Obdachlosenhilfe änderte sich damit grundlegend. Galt Armut und Obdachlosigkeit zunächst als selbstverschuldet, wurde nun die gesellschaftliche Lage und die individuelle Lebenssituation betrachtet (vgl. Hassemer-Kraus 2010, S. 231).

Durch die beginnende Frauenforschung und der größer werdenden Aufmerksamkeit für die Stellung der Frauen in der Gesellschaft wurde zunächst einfach von einer steigenden Zahl von Armut betroffener und obdachloser Frauen ausgegangen. Orientiert an der Armutsdefinition der Europäischen Arbeitsgemeinschaft (Armut bei weniger als 50% des durchschnittlichen Nettoeinkommens pro Kopf) waren in den 1970er Jahren (neben Anderen) am ehesten Familien mit mehreren Kindern, Alleinerziehende, alte Menschen mit einem geringen Einkommen (vor allem Frauen) und Arbeitslose (vor allem Langzeitarbeitslose) von Armut betroffen (vgl. Lutz/ Simon 2012, S. 37). Auch wurde untersucht, dass Arbeit nicht unbedingt vor Armut schützt, sondern Armut auch bei Erwerbstätigkeit auftauchen kann, was für eine weibliche Armut durch die Diskriminierung am Arbeitsplatz sprach. Heute geht die Literatur davon aus, dass häusliche Gewalt die häufigste Ursache für weibliche Armut und damit verbundene Obdachlosigkeit ist (vgl. Sellach 2010, S. 471). Die sogenannte „Feminisierung der Armut" fand also nicht nur in der Gesellschaft statt, sondern hatte eher theoretischen Charakter. Der Grund für die unbekannte Obdachlosigkeit von Frauen hatte wohl mit dem männerdominierten Hilfesystem und der fehlenden Inanspruchnahme durch Frauen aufgrund von schlechten Erfahrungen mit den Behörden oder Gefühlen der Ohnmacht bzw. Hilflosigkeit gegenüber den Ämtern zu tun(vgl. Lutz/ Simon 2012, S. 39 und Hassemer-Kraus 2010, S. 228). So fand Reiner Geißler in einer Studie heraus, dass lediglich 52 von 100 Sozialhilfeberechtigten ihren Anspruch geltend machten. Dieses Phänomen wurde jedoch kaum thematisiert, im Vergleich zu den verschwindend geringen Fällen von Missbrauch sozialstaatlicher Transferleistungen (vgl. Lutz/ Simon 2012, S. 39).

Zusammenfassend muss festgehalten werden, dass bis heute unklar ist, ob die Zahl der obdachlosen und verarmten Frauen wirklich gestiegen ist, oder ob sie mit Beginn der Frauenforschung nur verstärkt in den Fokus geraten sind. Der Begriff der Nichtsesshaften rückte mit dem Außerkrafttreten des BSHG von 2005 schließlich in den Hintergrund, da der Begriff allein schon ein Verhaltensdefizit festlegte und das Einsetzen von Hilfe suggerierte. Auch heute sind noch die Hälfte der Armen erwerbstätig und haben Anspruch auf weitere sozialstaatliche Transferleistungen. Die Gründe dafür und welche Folgen dies für die Betroffenen hat, soll im nächsten Kapitel bearbeitet werden. Interessant ist, dass seit Beginn des 21. Jahrhunderts kaum neue Literatur zum Thema Obdachlosigkeit hinzukam und selbst die vereinzelten Werke zum Thema orientieren sich an den bereits existierenden Werken von 1970-2000. Es liegt die Vermutung nahe, dass sich an der gesellschaftlichen und sozialen Stellung der von Obdachlosigkeit Betroffenen in den letzten Jahren nicht viel geändert hat. In Abgrenzung zur Untersuchung weiblicher Obdachlosigkeit wurde jedoch männliche Obdachlosigkeit im Einzelnen auch kaum untersucht, was der in den Fokus genommenen Gender-Debatte gerade in der Sozialen Arbeit deutlich widerspricht.

3.3 Ursachen und Folgen von Armut und Obdachlosigkeit im deutschen Sozialstaat

Wie bereits erwähnt, scheint sich in der Obdachlosenforschung der letzten 20 Jahre nicht viel verändert zu haben, lediglich die Emanzipationsforschung rückte in den Fokus und analysierte die Stellung der Frauen auf der Straße. Es soll im Folgenden geklärt werden, wie Individuen heute in die Armut geraten können und wie sich das auf ihren objektiven Spielraum, bzw. auf ihre subjektiven Bewältigungsstrategien auswirkt. Armut wird hierbei im politischen Sinne definiert und orientiert sich an der Einkommensarmutsgrenze. Jedes Individuum, welches das soziokulturelle Existenzminimum nicht durch eigene Kraft bestreiten kann, gilt als arm (vgl. Grundsätze des SGB II).

Fest steht, dass (berechnet am Einkommen) 2006 die Hälfte der Erwerbstätigen unter Armut litten. Gründe dafür sind zum einen die mittlerweile weit verbreiteten Teilzeitbeschäftigungen und Niedriglöhne, aber auch das Phänomen, dass es weiterhin viele Alleinverdiener in Mehrpersonenhaushalten gibt. Die tradierten Rollenbilder des Mannes als Familienernährer führen dazu, dass Männer es nicht mehr schaffen, die Familie ausreichend zu versorgen. Scheidungen und Trennungen führen zu plötzlichen Situationen, in denen Frauen sich und eventuelle Kinder allein versorgen müssen. Dabei sei erwähnt, dass die Anzahl alleinerziehender Frauen steigt (vgl. Graf 2010, S. 120ff.). Doch auch die Weiterentwicklung des Sozialhilfesystems führte nicht unbedingt zu einer Verbesserung der Beschäftigungs- oder Arbeitslosenlage. Mit der Einführung von Hartz IV (ALG II) kam es zu einer stärkeren Legitimierung von Arbeit, deren Einkommen nicht zur eigenen Existenzsicherung reicht, da die Aufstockung über das SGB II möglich ist. Außerdem ist zu bedenken, dass es erst seit 2015 ein Mindestlohngesetz in Deutschland gibt. Julia Graf spricht auch von einer „Feminisierung der Erwerbsarbeit" (vgl. Graf 2010, S. 118). Damit ist gemeint, dass die stattfindende Prekarisierung nicht nur bei Frauen stattfindet, sondern auch Männer von Niedriglöhnen und Teilzeitbeschäftigung betroffen sind. Welche Folgen das wiederum auf die Geschlechterrollen hat, sei in einem späteren Kapitel erläutert.

Gleichzeitig ist auch ein Rückgang der Beschäftigungsverhältnisse zu verzeichnen, gerade die Zahl der Langzeitarbeitslosen stieg bei gleichzeitig regelmäßiger Kürzung des ALG II. „Arbeitslosigkeit, insbesondere Langzeitarbeitslosigkeit, gilt als eine der zentralen Ursachen, die zu einem Wohnungsverlust führen können." (Lutz/ Simon 2012, S. 103). Dabei stellt die Inanspruchnahme von sozialstaatlichen Transferleistungen die nächste große Hürde dar, einige Anspruchsberechtigte nehmen nach wie vor Sozialhilfe nicht in Anspruch. Als Gründe dafür nennt Geißler zum einen bestehende Informationslücken, so wissen Einige nicht ob und in welchem Umfang sie anspruchsberechtigt sind. Zum anderen schämen sich Frauen und Männer gerade im Personenkreis der Erwerbstätigen dafür, dass sie ihre Existenz nicht allein sichern können (verschämte Armut). Auch bei den älteren Anspruchsberechtigten gehen viele noch davon aus, dass gegenüber Verwandten Regressansprüche geltend gemacht werden können (vgl. Geißler 1976, S. 47).

In unserer konsumorientierten Gesellschaft ist der Stellenwert von Besitz und Arbeit existenziell zur Herstellung eines sozial anerkannten Status nach dem Motto „Man ist, was man hat." (vgl. Gillich/ Nieslony 2000, S. 20). „Armut wird als die kulturelle Konstruktion eines je konkreten Bildes von Armut deutlich, das sich zwar mit der gesellschaftlichen Entwicklung wandelt und aktualisiert, aber immer Ausgrenzung meint und dabei – die Diskurse prägend – Einfluss auf die jeweiligen Phänomene hat." (Lutz 2002, S. 343). Die Auswirkungen von Armut und drohender prekärer Lebenslagen hat auch Einfluss auf die nächste Generation viele Kinder und Jugendliche, die aus Sozialhilfefamilien kommen, haben durch fehlende Bildung und der Vorbildfunktion der arbeitslosen Eltern weniger Chancen am Arbeitsmarkt (vgl. Lutz/ Simon 2012, S. 46).

Neben Arbeitslosigkeit und Armut ist aber auch die akute Wohnraumunterversorgung eine zentrale Ursache für Obdachlosigkeit. Der Bedarf an Wohnfläche wächst aufgrund des kapitalistischen Denkens, während Urbanisierung und unzureichender sozialer Wohnungsbau den zur Verfügung stehenden Wohnraum weiter begrenzt. Gleichzeitig werden soziale Beziehungen unsicherer und es gibt mehr Single-Haushalte (vgl. ebd. S. 53f.). Dabei ist zu beachten, dass Wohnungslosigkeit mittlerweile nicht mehr nur gesellschaftliche Randgruppen betrifft, sondern auch immer mehr Menschen aus der Mittelschicht von diesem Phänomen bedroht sind. Die Literatur ist sich einig, dass verschiedene Ursachen gebündelt zur Obdachlosigkeit führen können. Neben einkommens- und erwerbsbedingten Gründen, treten auch vermehrt persönliche und familiäre Probleme in den Fokus, aus denen Obdachlosigkeit resultieren kann.

3.4 Obdachlosigkeit heute und die Aufgaben der Sozialen Arbeit

Obwohl das Thema Obdachlosigkeit in der Theorie aktuell bearbeitet scheint und die gesellschaftlichen Defizite zur Erklärung dieses Phänomens aufgedeckt sind, scheitert der Sozialstaat in der praktischen Lösungsfindung dieses Problems. Bis heute existiert keine gesetzliche Wohnungsnotfallstatistik, lediglich die BAGW sammelt Daten aus unterschiedlichen Obdachloseneinrichtungen, die allerdings wenig aussagekräftig sind, um das gesamte Ausmaß von Obdachlosigkeit zu begreifen. Rechtlich betrachtet stellt Obdachlosigkeit eine Ordnungswidrigkeit dar, die als Zustand eine Gefährdung der öffentlichen Sicherheit darstellt (siehe z.B. Nds. SOG §§ 1 und 2, Nr.1 Buchstabe a und 11) und daher eine Unterbringung in eine Notunterkunft der erforderliche Schritt ist. In der Praxis sind jedoch weiterhin nicht ausreichend Notunterkünfte vorhanden. Obdachlosigkeit wird also geduldet und Notunterkünfte sind überfüllt[2] (vgl. Lutz/ Simon 2012, S. 93).

Auch das Image von Obdachlosigkeit passt noch nicht zum sozialen Wandeln, den die Gesellschaft in den letzten 50 Jahren erfahren hat. Gesellschaftlich wird dieser Zustand weiterhin mit Unmoral oder individuellem Versagen verbunden. Doch soziale Ungleichheit ist heute nicht mehr nur abhängig von sozialen Schichten, sondern „Kategorien wie Region, Geschlecht, Alter, Lebenslauf, Zeit, Ethnie und Bildung haben zu neuen Modellen der Erklärung sozialer Ungleichheit geführt." (Lutz 2002, S.366). Wohnraum bedeutet dabei wie bereits erwähnt nicht nur materieller Status, sondern auch sozialer Raum der persönlichen Freiheit und Entfaltung. Er bietet Sicherheit und Geborgenheit (ein „Zuhause"), während er gleichzeitig das Recht der räumlichen Gestaltung, sowie das Zutrittserlaubnis- und -verweigerungsrecht ermöglicht und damit Grundlage für Zugehörigkeit und Identität ist. Damit kommen wir wieder zum Thema der sozialen Teilhabe zurück, wie sie im deutschen Recht geregelt ist. Bezogen auf das Lebenslagenprinzip führt Ronald Lutz einige Spielräume auf, aus denen Obdachlosigkeit ausgrenzt. Unter anderem nennt er den *Dispositions- und Partizipationsspielraum*, durch dessen Fehlen dem Individuum Mitbestimmung und -entscheidung verwehrt werden. Auch verursacht das Fehlen von eigenem Wohnraum Defizite im Ausgleich psycho-physischer Belastungen, den sogenannten *Muße- und Regenerationsspiel-*

---

[2] Wie mir die Einrichtungsleitungen einer Notunterkunft für drogenabhängige Obdachlose in Bremen und einer Notübernachtung für Frauen in Berlin bestätigten, halten sich weit mehr Bewohner*innen in den Einrichtungen auf, als gesetzlich vorgesehen.

raum (vgl. Lutz 2002, S. 368). Offensichtlich sind obdachlose Frauen und Männer auch eingeschränkt, wenn es um den Zugriff auf Güter und Dienste geht, sowie in der Kommunikation und Interaktion mit ihrer Umwelt.

Welche Aufgaben ergeben sich nun für die Sozialarbeiter*innen? Um noch einmal auf die internationale Definition von Sozialer Arbeit zurückzukommen, ist die Aufgabe der praxisorientierten Profession, auf Grundlage der wissenschaftlichen Disziplin, die Autonomie und Selbstbestimmung von Menschen zu fördern. Theoretisch ist geklärt, dass Obdachlosigkeit nicht nur den Verlust von Wohnraum bedeutet, sondern eine Einschränkung in allen Bereichen der kulturellen und sozialen Teilhabe und somit auch der Autonomie und Selbstbehauptung bedeutet. Diese Problemlage kann nicht allein durch die Bereitstellung von temporärem Wohnraum gelöst werden, auch hochschwellige Angebote wie stationäre Einrichtungen entsprechen nicht dem Entgegenwirken von sozialer Ausgrenzung und der Förderung von Selbstbestimmung. In der Differenzierung der Angebote und Hilfeleistungen wird bereits reagiert, so werden immer mehr ambulante Dienste und (auch geschlechtersensible) Beratungsstellen zur Verfügung gestellt (vgl. Lutz/ Simon 2012, S. 95). Aber noch scheinen Sozialarbeiter und Sozialarbeiterinnen mit dem Umfang der Aufgaben, die die Arbeit mit Obdachlosigkeit mit sich bringt überfordert und können dieser aufgrund von Personal- und Zeitmangel nicht gerecht werden. Welche Ursachen und Folgen das speziell für geschlechterdifferenzierende Angebote hat, soll im folgenden Kapitel erläutert werden. Gleichzeitig berichten auch Obdachlose, dass die Eigeninitiative zur Wohnungsbeschaffung mit teilweise unüberwindbaren Hürden und sehr langen zeitlichen Perioden verbunden ist, was sich wiederum auf die Belastung des Hilfesystems und das Autonomiebedürfnis der Betroffenen auswirkt (vgl. Fichtner et al. 2005, S. 28).

4 Geschlechterdifferenzierung in der Sozialen Arbeit mit Obdachlosen

Wie nun bereits deutlich wurde, betrifft die Rolle des sozialen Geschlechts alle Bereiche in der Sozialen Arbeit und ist bei der professionellen Hilfe explizit in den Fokus zu stellen. Das Phänomen Obdachlosigkeit als Ursprung dieser Profession ist also auch in Hinblick der sozialen Ungleichheit auf die Notwendigkeit geschlechterdifferenzierender Sozialen Arbeit zu untersuchen. Obdachlosenforschung drehte sich zwar lange Zeit nur um Männer, nahm Geschlecht jedoch nicht explizit in den Fokus. „Das Feld ist geprägt durch eine Forschungstradition, die als geschlechtsblinde Männerforschung bezeichnet werden könnte." (Fichtner et al. 2005, S. 2). Mit dem Aufkommen der Frauenforschung in den 1970er Jahren wurde Geschlecht auch in Bezug auf Obdachlosigkeit zum Thema gemacht, das Pendant der Männerforschung dazu wurde jedoch weitestgehend außer Acht gelassen. Im folgenden Kapitel soll zunächst der aktuelle Forschungsstand der sozialwissenschaftlichen Armutsforschung, die Frauen ins Zentrum nimmt, dargestellt werden und das männliche Geschlecht unter dem Genderaspekt und ihre Auswirkung auf die soziale Lage Obdachlosigkeit untersucht werden. In Zusammenhang mit dieser Arbeit definieren Männer und Frauen sich auf Grundlage ihres biologischen Geschlechts und der (Re-)Produktion von sozialem Geschlecht innerhalb der spezifischen Strukturen von Obdachlosigkeit. Weitere Überlegungen zu divergenten Formen der Geschlechtszugehörigkeit wie etwa der Transsexualität müssen im Rahmen dieser Arbeit außer Acht gelassen werden.

Im Zuge der Frauenforschung ist eine steigende Zahl an Frauen in der Obdachlosigkeit zu beobachten, gerade die Zahl alleinstehender wohnungsloser Frauen ist drastisch gestiegen. Gründe dafür sind, wie bereits ausgeführt, in den nach wie vor herrschenden tradierten Rollenbildern von Männern und Frauen zu finden. Die Statistik zeigt, dass bei gemischtgeschlechtlichen Paaren mit Kindern unter drei Jahren nur etwa 10 Prozent der Frauen Vollzeit erwerbstätig sind. Dabei liegt die volle Erwerbsbeteiligung bei 51 Prozent der Männer (StBA 2017). Wird in diesem Zusammenhang die aktuelle Scheidungsquote von ca. 40 Prozent betrachtet, bestätigt sich diese Beobachtung zur vermehrten Obdachlosenquote bei Frauen und unterstreicht die weiterhin geltenden Rollenbilder der materiellen Versorgung durch die Männer und die körperliche und emotionale Betreuung der Kinder durch die Frauen (vgl. Fichtner et al. 2005, S. 74).

Gleichzeitig ist jedoch festzustellen, dass es keine eigene Frauenszene auf der Straße gibt und Frauen weiterhin über die männliche Szene definiert werden (vgl. Lutz/ Simon 2012, S. 161). Es stellt sich also die Frage, wie dieses Phänomen empirisch erklärt werden kann und wie Soziale Arbeit auf die spezifische Marginalisierung von männlichen und weiblichen Obdachlosen reagiert. Weiterhin sollen Überlegungen angestellt werden, wie professionelles Handeln mit Obdachlosen in Zukunft erweitert werden kann.

4.1 Ist Geschlechterdifferenzierung zum Thema Obdachlosigkeit notwendig? – eine statistische Analyse

Da die Literatur zur Obdachlosenforschung in den letzten 20 Jahren kaum neue Erkenntnisse hervorbrachte und männliche Obdachlosigkeit bisher wenig beleuchtet wurde, ist es sinnvoll anhand der statistischen Daten Tendenzen für weibliche und männliche Obdachlosigkeit festzuhalten. Wie bereits erwähnt gibt es bisher keine gesetzlich vorgeschriebene Wohnungsnotfallstatistik. Alle Daten, die statistisch zur Obdachlosigkeit erfasst werden, stammen von einzelnen Einrichtungen und wurden zusammengetragen. Daher wird vermutet, dass die Dunkelziffer der in Wohnungslosigkeit befindlichen Frauen weitaus höher liegt, da diese meist in einer verdeckten Obdachlosigkeit leben. Eine Erläuterung dieser Situation folgt im anschließenden Kapitel zu weiblicher Obdachlosigkeit. Außerdem sind die Statistiken teilweise nicht aussagekräftig, da ein erheblicher Anteil an Daten fehlt und es auch hier an einer einheitlichen Definition von Wohnungs- bzw. Obdachlosigkeit scheitert (vgl. Torchalla et al. 2004, S. 229).

Die wohl größte Erhebung erfolgt in regelmäßigen Abständen von der BAG Wohnungslosenhilfe e.V. (BAGW), welche im Jahr 2015 33.256 Klient*innen (Tendenz steigend) in Einrichtungen für Wohnungslose benannte, davon nimmt der Großteil (86,1 Prozent) als die in dieser Arbeit definierten Obdachlosen ambulante Dienste und Einrichtungen in Anspruch (vgl. BAGW 2016). Drei Viertel der Obdachlosen sind Männer, dementsprechend arbeiten auch hauptsächlich Männer in den ambulanten betreuten Wohneinrichtungen und Fachberatungsstellen. Interessant sind nun die Unterschiede in der Dauer der Hilfeleistungen. Während vielen Männern Hilfen von drei bis zwölf Monaten gewährt werden, wird für Frauen meist nur eine Hilfe von einem Monat geboten (vgl. ebd.). Eine Erklärung dafür lässt sich wohl nur in der Eigenständigkeit erklären, in welchem Maß die Betroffenen selbst versuchen, aus der Obdachlosigkeit herauszufinden. Generell geraten auch eher jüngere Frauen in die Wohnungslosigkeit als jüngere Männer und laut BAGW haben die obdachlosen Frauen eine insgesamt höhere Bildungsqualifikation als Männer (vgl. Lutz/ Simon 2012, S. 158). Auch in dieser Statistik lassen sich deutliche Geschlechtsrollenmuster und damit verbundene Ungleichheiten erkennen. Insgesamt sind die meisten der Obdachlosen ledig, bei den Frauen gibt es aber signifikant mehr Verheiratete oder Geschiedene/Verwitwete als bei den Männern, auch leben fast dreimal so viele alleinerziehende Frauen auf der Straße als Männer (vgl. ebd.). Da werden die tradierten Rollen der für den Haushalt und die Familie zuständigen Frauen deutlich, die im Falle einer Trennung vom Mann als Familienernährer Schwierigkeiten haben, ihre Existenz selbst zu sichern. Auch die bereits angesprochene Ungleichbehandlung auf dem Arbeitsmarkt wird statistisch bewiesen, denn ca. ein Viertel mehr Frauen als Männer kommen aus der Erwerbs- und Berufstätigkeit und sind im Durchschnitt länger arbeitslos. Laut Statistischem Bundesamt waren 2016 mit 31 Prozent mehr als doppelt so viele Frauen in atypischen Beschäftigungsverhältnissen (z.B. Teilzeit, geringfügig beschäftigt) erwerbstätig als Männer (vgl. StBA 2017b).

Werden die Daten zu Ursachen und Auslöser für die Wohnungs- bzw. Obdachlosigkeit betrachtet, lassen sich folgende Tendenzen erkennen. Bei beiden Geschlechtern dominieren Ortswechsel, Miet- oder Energieschulden, Trennung/ Scheidung, Konflikte im Wohnumfeld und der Auszug aus der elterlichen Wohnung als Auslöser für die Wohnungslosigkeit (vgl. BAGW 2016). Wie bereits aus der Literatur hervorging, sind die häufigste Ursache für Obdachlosigkeit bei Frauen heute Gewalterfahrungen in der Herkunftsfamilie (Verwandte oder Partner/ Ehemann). Auch in einer Studie von Torchalla mit 17 Probandinnen berichteten alle „von physischen oder sexuellen Gewalterfahrungen im Laufe des Lebens, oft innerhalb der Familie. In den meisten Fällen geschah dies vor dem Wohnungsverlust, für neun Frauen war es ein auslösendes Moment für die Wohnungslosigkeit bzw. dafür, das Elternhaus sehr früh zu verlassen." (Torchalla et al. 2004, S. 231). Eine Studie in dieser Größenordnung ist sicherlich nicht repräsentativ, doch auch in der Statistik der BAGW gaben 7,7 Prozent der Frauen Gewalt durch den Partner als Auslöser für die Wohnungslosigkeit an, während es bei den Männern lediglich 0,3 Prozent waren. Bei den männlichen Obdachlosen dominierten als Ursachen Haftantritt und Arbeitsplatzverlust oder -wechsel (vgl. BAGW 2016). Eine Analyse zur Bedeutung und den Folgen dieser Gründe folgt im Kapitel zur männlichen Obdachlosigkeit.

Auch im Umgang mit der entstandenen Wohnungslosigkeit lässt sich geschlechterdifferenzierendes Verhalten erkennen. Generell verfügen Frauen über ein breiteres Netz an sozialen Kontakten zu Beginn der Hilfe als Männer, daher lässt sich auch ein verspätetes Hilfesuchverhalten gegenüber institutioneller Hilfen erkennen und Frauen erhalten zunächst eher finanzielle Unterstützung von Angehörigen und Freunden (vgl. Torchalla et al. 2004, S. 228 und BAGW 2016). In Anlehnung an die Studie von Torchalla ist eine hohe Anzahl von Frauen mit psychischen Erkrankungen zu verzeichnen, die in Zusammenhang mit früheren und aktuellen Gewalterfahrungen stehen könnte (vgl. Torchalla 2004, S. 228). Dieses Phänomen soll ebenfalls in der Analyse von weiblicher Obdachlosigkeit beleuchtet werden.

In Hinblick auf die Beendigung der Wohnungslosigkeit sei erwähnt, dass im Verhältnis eher Frauen die Hilfe planmäßig beenden und in Nachfolgemaßnahmen vermittelt werden als Männer (vgl. BAGW 2016). Männer wünschen sich eher Wohnungen für eine Person, Frauen eher für zwei Personen oder eine Familie, was die Bedeutung des sozialen Geschlechts wiederholt verdeutlicht.

4.2 Weibliche Obdachlosigkeit

Nachdem einige Tendenzen zu weiblicher und männlicher Obdachlosigkeit aus den Daten sichtbar wurden, sollen diese anhand der vorhandenen Literatur zur Obdachlosenforschung weiter untersucht werden. Bei der Betrachtung der geringen Zahl weiblicher Obdachloser im Vergleich zu Männern, obwohl Frauen einem deutlich höheren Armutsrisiko durch geringes Einkommen und atypischen Beschäftigungsverhältnissen unterliegen, stellt sich die Frage nach den Möglichkeiten zum Ausgleich dieser Defizite von Frauen ohne die Hilfe von öffentlichen Zuschüssen. Steinert nennt als Erklärung die Fähigkeiten der Frauen, besser mit knappen Gütern hauhalten zu können und somit eine drohende Obdachlosigkeit aus eigenen Kräften abwenden zu können (vgl. Steinert 1997, S. 24). In einem Positionspapier der BAGW wird abweichend zu den Daten der Statistik behauptet, dass die Gründe für weibliche Armut „u.a. fehlende Berufsausbildung oder Unterqualifizierung und damit verbundene schlechte Chancen auf dem Arbeitsmarkt sowie die häufig langjährige Familienarbeit." (vgl. BAGW 2012b, S. 2) sind. Einig ist sich die Forschung aber, dass die Benachteiligung und Unterordnung der Frau im Sinne der hegemonialen Männlichkeit nach Connell oder des Habitus-Konzepts nach Bourdieu sowohl in den Ursachen, als auch der Bewältigung von Obdachlosigkeit allgegenwertig ist. Obdachlosigkeit kann nun als Revolte gegen diese tradierten Geschlechterrollenbilder, also dem Flüchten von Häuslichkeit und Aufgaben als Mutter oder Ehefrau, gesehen werden (vgl. Lutz 2002, S. 358). Wahrscheinlicher ist jedoch, dass die meisten Frauen aufgrund von strukturell bedingter Einkommensarmut und Unterdrückungs- und Gewaltverhältnissen aus dem unmittelbaren Nahbereich in die Obdachlosigkeit geraten (vgl. ebd., S: 360 und Lutz/ Simon 2012, S. 161). Dabei scheinen sich diese Ursachen im Vergleich der Literatur seit den 1970er Jahren nicht geändert zu haben.

Einkommensarmut findet hierbei ihren Ursprung in den atypischen oder nicht vorhandenen Beschäftigungsverhältnissen der Frauen und/ oder der ökonomischen Abhängigkeit von einem Partner/ Ehemann. Wohnungsverlust bedingt durch Mietschulden ist dabei keine Seltenheit. Auch Alkohol- und Drogenprobleme sowie fehlende materielle Güter nach der Entlassung aus Haft und Klinik können in die Obdachlosigkeit führen.

4.2.1 Gewalt als Hauptursache

Nicht nur im Zusammenhang mit Obdachlosigkeit ist Gewalt gegenüber Frauen ein Thema, mit dem sich Sozialarbeiter*innen beschäftigen müssen. Laut polizeilicher Kriminalstatistik waren bei den registrierten Straftaten gegen die sexuelle Selbstbestimmung unter Gewaltanwendung oder Ausnutzung eines Abhängigkeitsverhältnisses 93 Prozent der Opfer weiblich, die meisten sind im Alter zwischen 14 und 18 Jahren und im Erwachsenenalter (vgl. PKS 2016, S. 10 und 14). Dabei hat sich die Zahl der wohnungslosen Frauen, bei denen Gewalterfahrungen bekannt wurden, in den letzten Jahren fast verdoppelt (vgl. Heise/ Krägeloh 2010, S. 222). In fast allen dieser Arbeit zugrundeliegenden Quellen wurde sexueller Missbrauch und seelische oder körperliche Gewalt durch Verwandte oder dem Partner als Hauptursache für weibliche Obdachlosigkeit genannt (vgl. Lutz/ Simon 2012, S. 161, BAGW 2012a, S. 2 und BAGW 2012b, S. 4). In einem Positionspapier der BAG Wohnungslosenhilfe e.V. wird sogar von einer 90 prozentigen Quote der befragten Frauen gesprochen, die bisher sexueller Gewalt ausgesetzt waren[3] (vgl. BAGW 2012b, S.4). Da die Frauen auf der Straße jedoch einer schutzlosen und ebenfalls gewalttätigen Situation ausgesetzt sind, flüchten sich viele in Partnerschaften, um Schutz vor anderen Männern oder auch Wohnraum zu finden. Diese Zweckbeziehungen gehen meistens mit dem Geben von Intimitäten

---

[3] Wie die Einrichtungsleitungen aus einer Notunterkunft für drogenabhängigen Obdachlose und zwei weiterer Notübernachtungen für Frauen in Berlin bestätigten, flüchteten die meisten Frauen aus einem gewaltbehafteten Hintergrund in die Obdachlosigkeit.

einher. Nicht selten enden diese Beziehungen wieder in gewalttätige Verhältnisse[4] (vgl. Lutz/ Simon 2012, S. 160). Diese Tatsache erklärt weiter die Bedeutung der tradierten Rollenbilder unter dem marginalisierten Personenkreis in unserer Gesellschaft. Bedenkt man die wahrscheinlich sehr hohe Dunkelziffer an Frauen in der Obdachlosigkeit liegt der Gedanke nahe, dass Frauen ihre untergeordnete Rolle in gewisser Weise verdrängen, da das Eingestehen der fehlenden Eigenständigkeit und die Akzeptanz der hilflosen Lage eine wohl noch größere psychische Belastung darstellen würde.

4.2.2 Verdeckte Obdachlosigkeit

Die beiden Sozialwissenschaftlerinnen und Hauptvertreterinnen der weiblichen Wohnungslosenforschung Uta Enders-Dragässer und Brigitte Sellach stellten ein Modell verschiedener Formen weiblicher Bewältigungsmuster für Obdachlosigkeit auf. Eine Randgruppe stellen Frauen in der *sichtbaren Wohnungslosigkeit* dar, die sich öffentlich in ihrer Situation zeigen und starke öffentliche und moralische Abwertung erfahren (vgl. Enders-Dragässer und Sellach in Lutz/ Simon 2012, S. 164). Einige wohnungslose Frauen leben auch in einem Zustand der *latenten Wohnungslosigkeit*. Sie verfügen aktuell über keinen eigenen mietvertraglich abgesicherten Wohnraum, sind jedoch in einer institutionellen Einrichtung aufgrund psychischer oder Suchterkrankung untergebracht oder Arbeitgeberunterkünften, um ihrer Erwerbstätigkeit nachzukommen (dazu gehören auch Bordelle). Der überwiegende Teil der Frauen bewältigt diese Lebenssituation jedoch in der sogenannten *verdeckten Wohnungslosigkeit* (vgl. Lutz 2002, S. 357 und Lutz/ Simon 2012, S. 159). Diese Frauen verfügen über ein großes soziales Netzwerk und holen sich eher Hilfe bei Freunden oder Verwandten, als staatliche Zuschüsse in Anspruch zu nehmen und versuchen so, in eigener Zuständigkeit die auftretenden Probleme zu lösen. Jedoch geraten sie aufgrund des Verlusts eines finanziellen Überblicks oder Mietschulden in die Wohnungslosigkeit (vgl. BAGW 2012b, S. 2). Um unentdeckt zu bleiben, leben diese Frauen im Verborgenen bei Freunden, Verwandten oder in Abhängigkeitsverhältnissen zu Partnern und sichern sich so ihre Grundversorgung. Nach Lutz sind Frauen in der Wohnungslosigkeit „unmittelbar bedroht, sie müssen sich deshalb stärker schützen als Männer und sie sind direkter mit sozialen Konzepten wie Ehe und Familie konfrontiert, die sie oftmals

---

[4] Prostitution zur eigenen materiellen Versorgung oder die des Partners sind keine Seltenheit, wie die Einrichtungsleitung aus Bremen ebenfalls bestätigte.

als Ausweg aus ihrer Lage ansehen." (Lutz 2002, S. 370). Das Gefühl des Versagens und der Wunsch nach Harmonie sind im Ausdruck des Genders Weiblichkeit Ursachen für den Versuch, die Existenz durch eigene Anstrengung zu sichern. Auch flüchten sich Frauen in die verdeckte Wohnungslosigkeit, weil sie sich vor den Misshandlungen ihrer Herkunftsfamilie und den männlichen Verhaltensweisen auf der Straße verstecken und daher auch im institutionellen Rahmen anonym bleiben wollen (vgl. Gillich/ Nieslony 2000, S. 78). In dieser neugefundenen Abhängigkeit bzw. Unterdrückung und der fehlenden Sicherheit finden sich diese Frauen jedoch einer ständigen psycho-physischen Belastung, Stress und einem hohen Anpassungsdruck ausgesetzt. Nicht selten sind diese Abhängigkeiten mit dem Geben von sexuellen Leistungen verbunden und die Frauen finden sich oft in gleichen Verhältnissen wieder, aus denen sie vielleicht geflüchtet sind (siehe vorheriges Kapitel). Auch in der Studie von Torchalla gab ein Drittel der Frauen an, bei Freunden und Bekannten zu leben, mit denen sie dazu ein sexuelles Verhältnis eingegangen waren (vgl. Torchalla et al. 2004, S. 231). Die Folgen dieser alternativen Wohnsituationen sind oft Substanzabhängigkeit, physische und psychische Erkrankungen (vgl. BAGW 2012b, S. 3). Ausgehend von der sozialen Lage der Frauen in der verdeckten Wohnungslosigkeit stellt sich wieder die Frage nach den begrifflichen Definitionen. Da sich Frauen in der verdeckten Wohnungslosigkeit nach Enders-Dragässer und Sellach eindeutig in einer Situation ohne eigenen Wohnsitz und in besonderen sozialen Schwierigkeiten befinden, soll dieser Zustand in der vorliegenden Arbeit als *verdeckte Obdachlosigkeit* definiert werden.

4.2.3 Psychische Erkrankungen

Teilweise ausführlicher als das Thema weiblicher Obdachlosigkeit an sich, wurde in der Literatur der Zusammenhang von psychischen Erkrankungen bei obdachlosen Frauen behandelt. Diese Tatsache hat zum einen den Grund, dass laut Bundespsychotherapeutenkammer in allen Altersklassen Frauen zu einem Viertel häufiger psychisch erkranken, als Männer (vgl. BPtK 2011). Aufgrund der besonderen Umstände wie Gewalterfahrungen und sexueller Missbrauch, sowie Identitäts- , Existenzkrisen und Verlusterfahrungen der obdachlosen Frauen, erhöht sich in dieser Lebenslage das Risiko einer Erkrankung weiter. Neben Psychosen, posttraumatischen Belastungsstörungen und Suchterkrankungen, sind Depressionen dabei die häufigste Form auftretender psychischer Erkrankungen bei obdachlosen Frauen (vgl. Heise/ Krägeloh 2010, S. 222). Als Ursachen für Depressionen werden neben genetischer Veranlagung auch kindliche Entwicklung und Lebensereignisse von Bedeutung genannt (vgl. Bramesfeld/ Stoppe 2006). Wird in dieser Überlegung die hohe Anzahl an Frauen betrachtet, die aus Gewaltbeziehungen oder Hintergründen mit sexuellem Missbrauch geflüchtet sind und sich aus Scham in weitere Abhängigkeiten begeben haben, überrascht es nicht, dass sogar in einer kleinen Studie mit siebzehn Probandinnen 71 Prozent der Frauen psychisch erkrankt sind (vgl. Torchalla et al. 2004, S. 228). Hinzu kommt, dass Frauen auch an den Folgen eventueller vergangener Schwangerschaftsabbrüche bedingt durch die soziale Lage oder der Trennung von ihren Kindern, die sich in einer Fremdunterbringung befinden, leiden[5].

Zusammenfassend ist festzuhalten, dass ein geschlechterdifferenzierendes Hilfesystem für Frauen schon allein aufgrund des biologischen Geschlechts nötig ist. Sie sind doppelt so häufig von Reaktionen auf schwere Belastungen und Anpassungsstörungen und damit verbundenen Depression betroffen, als Männer (vgl. Bramesfeld/ Stoppe 2006, S. 3) und sind eher dem Risiko ausgesetzt, Belastungen durch abgebrochene Schwangerschaften oder Trennungen von den Kindern ausgesetzt zu sein. Hinzu kommen die geschlechtstypischen Verhaltensweisen, die auch auf der Straße für eine Unterdrückung der Frau durch die Männlichkeitsspiele der Männer sorgen und sich Frauen im Zuge ihrer (historisch bedingten) erlernten Bewältigungsstrategien vor dem Hilfesystem verstecken und in ihrer sozialen Lage der Obdachlosigkeit unentdeckt bleiben (vgl. Lutz 2002, S. 358).

4.3 Männliche Obdachlosigkeit nach Fichtner

Wie bereits erwähnt beschäftigt sich die Literatur kaum zur Ursachenforschung von männlicher Obdachlosigkeit, obwohl Männer den größten Teil der Wohnungslosen darstellen. Eine der repräsentativsten Studien zu diesem Phänomen ist eine 2005 durchgeführte Erhebung mit 34 wohnungslosen Männern durch den Psychologen Jörg Fichtner, an welcher sich in diesem Kapitel hauptsächlich orientiert werden soll.

Die Ursachen für männliche Obdachlosigkeit unterscheiden sich nur bedingt von denen weiblicher Obdachlosigkeit. So resultiert sie meistens aus dem Verlust des Arbeitsplatzes, nach Trennung oder Scheidung und dem Auszug aus der Ursprungfamilie (vgl. Lutz 2012, S. 161). Dabei ist jedoch auffällig, dass Männer in

---

[5] Wie mir alle befragten Einrichtungsleitungen bestätigten, ist für die bekannten obdachlosen Mütter mit Kindern in Fremdunterbringung eine Familienzusammenführung die größte Motivation für den Ausweg aus der Obdachlosigkeit.

der Situation von Armut und/ oder Arbeitslosigkeit eher resignieren, sich in Suchtverhalten flüchten und so in die Wohnungslosigkeit geraten, als Frauen, die zunächst Hilfe in ihrem privaten Umfeld suchen. Einkommens- und Erwerbsverlust haben für das soziale Männlichkeitsbild und die Identität wohl eine tragende Rolle, so beschrieben viele Männer in Fichtners Studie eine Berufstätigkeit als „persönliche Sinnerfüllung" (vgl. Fichtner et al. 2005, S. 65). Mit der Erwerbstätigkeit steigen soziale Anerkennung und die Bestätigung durch den Arbeitgeber, der Alltag wird strukturiert und soziale Netzwerke am Arbeitsplatz steigern das soziale Kapital. So ist es auch naheliegend, dass viele Männer in der Studie von Fichtner die Wohnungs- bzw. Obdachlosigkeit als eine biografische Katastrophe einstuften, für die sie gern auch Anderen die Schuld geben oder diesen Zustand auch nur als temporäre Situation betrachten (vgl. ebd., S. 22f.).

Doch auch bei obdachlosen Männern lässt sich in ihrer marginalisierten Rolle die Dominanz geschlechtstypischen Verhaltens erkennen. Es kann vermutet werden, dass Männer in der Wohnungslosigkeit durch Armut, Arbeitslosigkeit und dem Verlust sozialer Bindungen erheblich an Machtposition verloren haben. Gleichwohl „ist im Sinne eines „Doing Gender" im Rahmen sozialkonstruktiver Männerforschung davon auszugehen, dass sie weiterhin kompetente Geschlechterkonstrukteure bleiben, die nach Maßgabe ihrer Lebenslage versuchen, aktive Männlichkeit zu konstruieren. Der männliche Habitus und die Orientierung an der hegemonialen Männlichkeit leiten dieses Handeln an und schaffen damit teilweise Spielräume, die gegenüber denen von wohnungslosen Frauen größer sein können." (Fichtner et al. 2005, S. 5). So sind in der vorliegenden Studie die meisten Männer davon überzeugt, weiter „Herr der Lage" zu sein und beschreiben ihr Leben auf der Straße als frei und unabhängig (vgl. ebd. S. 31ff.). Auch Frauen gegenüber werden die sozialen Rollenmuster gezeigt und Beziehungen werden eingegangen, um das Ansehen vor Dritten zu steigern. Soziale Beziehungen auf der Straße werden als instabil eingestuft und Frauen gelten eher als Prestigeobjekt (vgl. BAGW 2012b,

S. 4). Selbst Beziehungen zu vorhandenen Kindern werden vorwiegend gepflegt, um das soziale Ansehen zu vergrößern. Auch die Schwierigkeit, soziale Netzwerke innerhalb des Obdachlosenmilieus aufzubauen, ist dem Grund geschuldet, dass die Akzeptanz dieser Lebenssituation Grundlage für einen Aufbau solcher Beziehungen ist. Dies würde jedoch das Bild des männlichen Habitus zerstören und Männer würden in eine untergeordnete, marginalisierte Rolle verfallen[6].

So lassen sich in den Interviews mit Fichtner demonstrative, nach außen gerichtete Besitzansprüche zur Konstruktion von Männlichkeit erkennen. Selbst wenn kein materieller Raum für die Männer zur Verfügung stand, wurden diese Ansprüche durch Gewohnheitsrechte in der Nutzung von Hilfeeinrichtungen oder auch Nutzungsrechte durch Abkommen und Verweisungsrechte durch „ältere Rechte" durchgesetzt (vgl. Fichtner et al. 2005, S. 31f.)[7]. Selbst Tätigkeiten wie „Schnorren" oder andere Tätigkeiten zur Aufbesserung der finanziellen Möglichkeiten wurden als soziale Aufwertung gesehen. Auch illusorische Vorstellungen zum Einkommen wie Börsenspekulation und Lottogewinn wurden in den Interviews genannt (vgl. ebd. S. 59). Dieses Verhalten spricht ebenfalls für die Dominanz des männlichen Habitus und der hegemonialen Männlichkeit.

Wie im ersten Kapitel beschrieben, ordnen sich einige Männer aber auch ganz klar in eine untergeordnete Rolle ein. So sehen diese Männer ihre Situation in der Obdachlosigkeit als „Rebellion gegen dominante Männlichkeitsmuster und misslungener Anpassung an diese." (Fichtner et al. 2005, S. 51). Gerade Männer mit Verschuldung reagieren überfordert auf diese Lage und äußerten den Wunsch nach Delegation der Problemlösung und institutioneller Hilfe mit klaren Handlungsangaben. Auch hier lässt sich ein eindeutiger Unterschied zu Frauen in der Obdachlosigkeit erkennen, die sich eher für ihre Lage schämen und institutioneller Hilfe meiden. Dieses Schamgefühl gaben in Fichtners Studie jedoch einige Männer als Grund an, wenn es um den Kontaktabbruch zu früheren sozialen Netzwerken wie Ursprungsfamilie, Freunde oder die Ausübung der Vaterschaft gibt (vgl. ebd., S. 88ff.).

Zusammenfassend kann festgehalten werden, dass sich Männer und Frauen sich in der Verdrängung der Problemlage sehr ähneln, auch wenn diese Bewältigungsstrategien unterschiedliche Ursachen und Folgen hat. Während Frauen eher anonym bleiben wollen und sich in der verdeckten Obdachlosigkeit verstecken, nei-

---

6   Wie die Leitung aus der gemischtgeschlechtlichen Einrichtung in Bremen berichtete, versuchen sich die männlichen Bewohner durch Betonung der Fehler anderer Männer in der Einrichtung eine Überlegenheitsposition zu sichern.

7   Ebenfalls bestätigte die Leitung, dass vor allem männliche Bewohner, die seit einigen Jahren bereits in Einrichtung wohnen, Sonderrechte erlangen wollten und diese auch vor den neuen Bewohner durchzusetzen versuchten.

gen Männer durch Hilflosigkeit jede Gelegenheit zu nutzen, ihre Männlichkeit weiter zu demonstrieren. Dabei ist auffällig, „dass die Einkommensarmut in den meisten Fällen eher bagatellisiert wird und Unzufriedenheiten über die geringen Mittel nicht ebenso klar geäußert werden, wie etwa über die unbefriedigende Arbeits- und Wohnsituation. Eine Erklärung hierfür könnte sein, dass die Beschaffung eines ausreichenden Einkommens eine so wichtige männliche Fähigkeit darstellt, dass deren Erfolg selbst unter extrem eingeschränkten Bedingungen behauptet werden muss." (Fichtner et al. 2005, S. 66).

Welcher Fakt jedoch weiterhin strittig bleibt ist die Bedeutung partnerschaftlicher Arbeitsteilung für obdachlose Männer. Laut Fichtners Studie existierten heterosexuelle Partnerschaften kaum und spielten auch keine subjektive Rolle. In anderen Studien wird jedoch betont, dass der Anteil von obdachlosen Männern und Frauen mit Kindern, die nicht bei ihnen wohnen, gleichgroß ist und auch Männer in liebevollen Partnerschaften zu Frauen aus dem Obdachlosenmilieu oder aus der Ursprungsfamilie leben[8]. Außerdem gibt Fichtner an, dass Partnerbeziehungen und Vaterschaft mit zu den wichtigsten sozialen Ressourcen für Männer gehören (vgl. Fichtner et al. 2005, S. 73).

4.4 Differenzierte Einrichtungen in Deutschland

Generell umfassen die erforderlichen Angebote in der Obdachlosenhilfe Wohnräume mit der Möglichkeit einer ambulanten Betreuung. Zusätzlich bedarf es auch Arbeitsvermittlung auf dem freien Arbeitsmarkt und Hilfen bei Suchtproblemen und der Tagestrukturierung (vgl. Lutz/ Simon 2012, S. 165f.). Wie bereits ersichtlich wurde, ist es eindeutig notwendig, geschlechterdifferenzierende niedrigschwellige Angebote für Obdachlose bereitzustellen, um individuelle Hilfen zu ermöglichen. Geschlechtersensible Arbeit in gemischtgeschlechtlichen Einrichtungen konnte bisher nicht gut umgesetzt werden. Voraussetzung dafür wären ein ausgewogener Anteil an Frauen und Männern, ein Betreuungsangebot für Kinder, gleiche berufliche Qualifizierungsmöglichkeiten für beide Geschlechter und separate Räume zur Übernachtung, Aufenthalt, Hygiene und Essen (vgl. Lutz/ Simon 2012, S. 168). Daher scheinen differenzierende Einrichtungen sinnvoller zu sein.

---

[8] Auch bestätigten mir alle drei Einrichtungsleitungen, dass sowohl Frauen als auch Männer Kinder und bestehende Partnerschaften als Hauptmotivation zur Beseitigung der Problemsituation Obdachlosigkeit sehen.

Nun stellt sich jedoch die Frage nach dem individuellen Hilfebedarf. Sicherlich gibt es auch heterosexuelle Paare, welche keine getrennten Wohnräume wünschen. Auch wird es Frauen und Männer geben, die sich in einem Umfeld des jeweils anderen Geschlechts wohler fühlen.

Doch gerade für Frauen fordert die Theorie eigene Hilfsangebote seit der größer werdenden weiblichen Obdachlosigkeit und in Bezugnahme auf das häufige Phänomen der verdeckten Obdachlosigkeit. So wird aus der Praxis gemischtgeschlechtlicher Beratungsstellen berichtet: „Es kamen nur wenige Frauen, aber allein die Wartesituation zwischen den Männern war für sie verheerend. Meist ging es ihnen bei den ersten Vorsprachen sehr schlecht, sie hatten zu lange ihr Leid ertragen und eigene Lösungen gesucht – und sie wussten sich nun nicht mehr zu helfen." (Hassemer-Kraus 2010, S.231). Und auch in anderen Erfahrungsberichten wird festgestellt, dass sich Frauen teilweise nicht trauten, in den männerdominierten Einrichtungen Hilfen wahrzunehmen. Sie lassen sich lieber von Frauen beraten und fühlen sich in einer Umgebung ohne Männer geschützter (vgl. Lutz/ Simon 2012, S. 165). Grund für das Erfordernis frauenbezogener Einrichtungen ist der spezifische Hilfebedarf in den individuellen Lebenslagen der Wohnungslosigkeit, dem Ausmaß psychischer Erkrankungen und dem Hilfesuchverhalten.

Am Beispiel von zwei Einrichtungen für obdachlose Frauen

2003 eröffnete die erste Notübernachtung nur für Frauen in Berlin mit Möglichkeiten des nächtlichen Aufenthalts, warmen Mahlzeiten und Gelegenheiten zum Duschen und Wäsche waschen. Zusätzlich wird in dieser Einrichtung sozialpädagogische und sozialhilferechtliche Beratung ausschließlich durch weibliche Fachkräfte angeboten (vgl. Heise/ Krägeloh 2010, S. 219). Die Auslastung dieser Einrichtung stieg allein in fünf Jahren von 66 Prozent auf 103 Prozent und weitere Frauen-Notunterkünfte wurden eröffnet. Mittlerweile gibt es im Raum Berlin sieben Anlaufstellen nur für obdachlose Frauen und weitere gemischtgeschlechtliche Einrichtungen mit separaten Frauenbereichen.

Auch in Stuttgart wird seit 2000 die Zentrale Frauenberatung der Ambulanten Hilfen e.V. von jährlich ca. 450 Frauen angenommen. Das Angebot richtet sich an Frauen ab einem Alter von 25 Jahren ohne Kinder im eigenen Haushalt, welche durch weibliche Fachkräfte in einem geschützten Raum beraten werden. Auch in dieser Einrichtung wird von einem großen Anteil an Frauen mit psychischen Belastungen bzw. Krankheiten gesprochen, es ist davon auszugehen, dass ca. ein Drittel der zu unterstützenden Frauen einen besonderen Hilfebedarf haben (vgl.

Hassemer-Kraus 2010, S. 235). Aufgrund von fehlender Krankheitseinsicht oder ärztlicher Diagnose und damit oft einhergehender Suchtmittelabhängigkeit sind die Zugänge zu frauengerechten Hilfeformen zu hochschwellig. Neben der Herstellung eines sicheren Raumes für Frauen in der Obdachlosigkeit durch ausschließlich weibliche Mitarbeiter, wird in der Praxis auch der Bedarf an Vernetzung der verschiedenen Hilfeangebote aufgrund der Problemvielfalt der Klientinnen sichtbar (vgl. ebd., S. 229 und Lutz/ Simon 2012, S. 166).

Männereigene Einrichtungen sind trotz der großen Dominanz männlicher Obdachlosigkeit kaum zu finden. Selbst in Berlin als größter deutsche Stadt und als umgangssprachlich bezeichnete „Hauptstadt der Obdachlosigkeit" existieren lediglich zwei Notübernachtungen nur für Männer und eine Einrichtung mit acht Plätzen für Väter mit ihren Kindern. Individuelle Beratungsstellen im Raum Berlin gibt es für Männer überhaupt nicht.

4.5 Auswirkung auf Personal und Sozialpolitik

Der Fakt, dass soziale Ungleichheit innerhalb der Geschlechter besteht, ist bewiesen. Das Berufsspektrum für Frauen ist auch heute noch eng, viele arbeiten in Teilzeit oder geringfügigen Beschäftigungen. Auch ist eine Unterbrechung der Erwerbstätigkeiten für Mutterschaft oder anderer Haus- und Familienverpflichtungen keine Seltenheit. Gesetzliche Regulierungen tragen weiterhin zur ungleichen Behandlung der Geschlechter bei. So sorgen u. a. Ehegattensplitting oder auch fehlende Kinderbetreuungsmöglichkeiten für ein Fortbestehen der tradierten Rollenbilder (vgl. Graf 2010, S. 121). Bei der Bereitstellung von Hilfen für Obdachlose ist also eine geschlechtssensible Perspektive notwendig. Da unsere Sozialgesetze so konzipiert sind, dass das Ziel der Hilfe eine schnellstmögliche Beendigung dieser ist, führt dies auch dazu, „dass Frauen deutlich seltener eine bedarfsdeckende Beschäftigung aufnehmen, ihnen aber auch seltener von den Grundsicherungsstellen solche Beschäftigungsverhältnisse angeboten werden [...]." (ebd., S. 124). Die deutsche Sozialpolitik ist also aufgefordert, die Strategie des „Gender-Mainstreaming" auf die Hilfen für Obdachlose anzuwenden. „Gender-Mainstreaming ist [...] eine Strategie zur systematischen Berücksichtigung der unterschiedlichen Ausgangsbedingungen von Frauen und Männern in allen Politikbereichen und Prozessen bei der Planung, Umsetzung und Bewertung von Maßnahmen." (BAGW 2012b, S. 1).

Gender-Mainstreaming angewandt auf fraueneigene Obdachlosenhilfe bedeutet also, die spezifischen Probleme von Frauen unter dem Gesichtspunkt des Lebenslagenansatzes sichtbar zu machen, wie sie in dieser Arbeit bereits vorgestellt wurden. Dabei sind gerade Präventionsmaßnahmen für Frauen wichtig, vor allem alleinstehende Frauen mit Kindern sind von dem Risiko eines Wohnungsverlustes betroffen. Für bereits obdachlose Frauen ist die Bereitstellung flächendeckender und hauptsächlich niedrigschwelliger Angebote notwendig, um die Hilfen für Frauen, die in der verdeckten Obdachlosigkeit leben, attraktiver zu machen. Auch der Zugang zu weiterführenden Hilfen für die Behandlung psychischer Erkrankungen oder Familienzusammenführungen könnte so erleichtert werden (vgl. Hassemer-Kraus 2010, S. 235). Wie aus der Literatur erkenntlich wird, ist die Bereitstellung von ausschließlich weiblichem Personal in Beratungsstellen und Notunterkünften die beste Ausgangslage für die Schaffung von Vertrauen und der Sicherstellung, dass Angebote auch angenommen werden. Dabei ergeben sich wiederum erhöhte Anforderung an das Personal aufgrund der erhöhten psychischen Belastungen von Frauen und einem erhöhten Schamgefühl gegenüber Behörden und Ämtern. Diesen Anforderungen können die bestehenden niedrigschwelligen Einrichtungen bedingt durch fehlende personelle und zeitliche Ressourcen kaum gerecht werden: „Wenn trotz aller Schwierigkeiten ein, meist von uns sehr auf die Persönlichkeit zugeschnittenes Beratungssetting entwickelt werden konnte, heißt das im Einzelfall, dass die Erfassung und die Einschätzung der aktuellen Lebenssituation, des konkreten Hilfebedarfs, der möglichen Hilfsangebote sowie der Möglichkeiten und Ressourcen der Klientin mindestens das Doppelte bis Dreifache an Beratungs- und Recherchezeit erfordert, als dies in der Arbeit mit wohnungslosen Frauen ohne nennenswerte seelische Beeinträchtigung, bzw. psychische Erkrankungen, der Fall ist." (Heise/ Krägeloh 2010, S.225).

Doch auch die Soziale Arbeit mit obdachlosen Männern muss individuell an spezifische Problemlagen angepasst werden. Da auch bei ihnen tradierte Rollenbilder weiterhin gültig sind, haben viele Männer Probleme, soziale Beziehungen zu knüpfen: „Dort wo Homogenität durch soziale Deklassierung verloren gegangen ist, lassen sich Beziehungen nur noch schwer aufrechterhalten. Dort wo Homogenität unter Deklassierten besteht, setzt Anerkennung von Homogenität eine zumindest temporäre Identifikation mit der eigenen marginalisierten Lage voraus." (Fichtner et al. 2005, S. 72). Diese Identifikation mit der Obdachlosigkeit würde also entgegen jeglicher Männlichkeitsbilder eine Unterordnung herausfordern. Dieses Gefühl der gezwungenen Unterordnung ergibt sich für viele Männer auch schon bei Amts- oder Behördengängen, bei denen sie sich eindeutig Männern gegenübersehen, die in ihrer Rolle dominieren. So ist es auch für Männer wichtig, dass die geschlechtliche Gleichberechtigung auch auf andere Institutionen angewendet wird. Da informelle Netzwerke für Männer in der Obdachlosigkeit eher keine Hilfe darstellen, werden Beziehungen zu pädagogischen Fachkräften als nützlich und emotional wertvoll angesehen (vgl. ebd., S. 86). Interessant ist, dass diese Beziehungen anscheinend auch eher zu weiblichen Fachkräften aufgebaut werden können: „Sprachliches Merkmal ist, dass meist eine bestimmte Sozialarbeiterin – Sozialarbeiter finden sich nur in Ausnahmen in dieser Funktion – mehrfach mit Vornamen an prominenter Stelle im Interview genannt und ihr eine große Rolle für Veränderungsprozesse beim Befragten zugeschrieben wird." (ebd.). Auf Grundlage der berichteten Hilfslosigkeit der meisten obdachlosen Männer, ist das Hilfesystem primär aufgefordert, angemessene Arbeitsverhältnisse zu schaffen, dabei geht es um eine Beschäftigung und nicht unbedingt um Einkommen (vgl. ebd., S. 70). Außerdem braucht es Beratung und Hilfe zur Verselbstständigung und alternative Einkommensmöglichkeiten außerhalb der Berufstätigkeit. Auch die Vaterschaft bei Obdachlosen muss im institutionellen und rechtlichen Sinne besser beleuchtet werden. So sind obdachlose Männer überhaupt als Väter wahrzunehmen und entsprechende Einrichtungen zu schaffen, um die bestmögliche Kontaktform zwischen Vater und Kind zu ermöglichen.

Zusammengefasst bedarf es also nicht nur einer Ausweitung geschlechterdifferenzierender Einrichtungen, sondern auch einer Überarbeitung der Sozialpolitik und der Qualifikationen des Personals in der Arbeit mit Obdachlosigkeit. Sozialarbeiter*innen müssen mit den geschlechtersensiblen Themen der Obdachlosigkeit vertraut sein, um sich an die individuellen Lebenslagen der Klient*innen anpassen zu können. Gleichzeitig bedarf es einer ausgedehnteren Vernetzung von Einrichtungen und weiterführenden Hilfen wie Arbeitsvermittlung und Therapiemöglichkeiten, was wiederum eine Integration in die jeweilige Kommunalpolitik voraussetzt.

4.6 Ausblick auf zukünftige Soziale Arbeit mit Obdachlosigkeit

In der Literatur zu weiblicher Obdachlosigkeit wird zu normalitätsorientierten Hilfen für Frauen aufgefordert (vgl. Lutz/ Simon 2012, S. 167). Wie definiert sich aber „normalitätsorientiert" auf Grundlage einer geschlechterdifferenzierenden Arbeit mit Obdachlosigkeit? Die Bedeutung der tradierten Rollenbilder unter marginalisierten Sozialgruppen kann nicht abgemindert werden, indem geschlechtsneutral gearbeitet wird. Das Hilfesystem sollte nicht zur Beseitigung einer Ordnungswidrigkeit existieren, sondern eine attraktive Lebensalternative für obdachlose Männer und Frauen darstellen. „Das heißt aber nicht, dass man oder frau keine aktiven Gestalter ihres Daseins sein können. In gewisser Weise sind die Lösungen im Verborgenen wohnungsloser Frauen Versuche, das eigene Dasein zu gestalten und zu bewältigen. Darüber kann der distanzierte Beobachter, gar der Sozialarbeiter, zwar die Nase rümpfen, da er oder sie andere Vorstellungen haben. Doch diese Frauen arrangieren sich im Kontext der auf ihnen lastenden Erwartungen, der Traditionen, der Bedingungen ihrer Teilhabemöglichkeiten und im Kontext ihrer eigenen Hoffnungen, die sie erst zu einem aktiven Gestalter führen." (Lutz 2002, S. 374).

Verbunden mit der Bereitstellung angemessener Angebote ist die Ausweitung der Öffentlichkeits- und Präventionsarbeit nötig, um bereits drohenden Obdachlosigkeit abwenden zu können. Dafür bedarf es einer genaueren Berichterstattung in Bezug auf geschlechterdifferenzierender Hilfeangebote für Obdachlose (vgl. BAGW 2012a, S. 2 und 2012b, S. 1). Für eine effektivere Bearbeitung und Optimierung einzelfallorientierter Hilfen bedarf es vor allem einer Vernetzung zwischen Beratungsstellen, Obdachlosenhilfe, Eingliederungshilfe, Psychiatrie und Suchtkrankenhilfe mit Gleichstellungsbeauftragten (vgl. Heise/ Krägeloh 2010, S. 227). Um den weitgefächerten Aufgaben Sozialer Arbeit im Kontext von Obdachlosigkeit gerecht zu werden, bedarf es wiederum einer angemessenen materiellen und personellen Ausstattung, um Hilfen fortdauernd wirksam zu gestalten und so langfristig Ressourcen zu sparen. Auch die Mehrbeachtung der Lebenswelten bzw. Spielräume der einzelnen Klient*innen würde allumfassende Hilfen, um aus der Wohnungslosigkeit zu gelangen, begünstigen.

Die Schwierigkeit der aktuellen Sozialen Arbeit besteht in den rechtlichen Rahmenbedingungen. So könnte Wohnungsnotstand auch durch den Ausbau des sozialen Wohnungsbaus zum einen und eine Überarbeitung der Sozialgesetze bezüglich Kindertagesbetreuung, Mindestlohn, Arbeitszeiten und Erwerbsformen zum anderen präventiv verhindert werden.

5 Fazit

Um überhaupt eine Aussage zu geschlechterdifferenzierendem Verhalten von obdachlosen Männern und Frauen und der Sozialen Arbeit mit diesen Individuen tätigen zu können, bedarf es einer genauen Definition von Obdachlosigkeit. Nur so kann ein unverfälschter Blick auf Größenordnung und Dimension der sozialen Schwierigkeiten, die mit Obdachlosigkeit verbunden sind, gewährleistet werden. Obdachlosigkeit als Grundlage für die vorliegende Arbeit umfasst also Menschen in der Wohnungslosigkeit mit besonderen sozialen Schwierigkeiten, die die Bereiche der Existenzsicherung, der sozialen Teilhabe und physischen oder psychischen Gesundheit betreffen. Hilfebedürftigkeit wird von der Bundesregierung auch mit präventiven Maßnahmen bekämpft. So sollen Sozialleistungen nach dem SGB II und SGB XII zur Existenzsicherung beitragen. Dabei wird nach wie vor nicht beachtet, dass sowohl Männer als Frauen teilweise aus Scham und Angst oder aufgrund von Informationslücken keinen Zugang zu institutionellen Hilfen finden.

Die Ursachen für Hilfebedürftigkeit, in diesem Fall der Obdachlosigkeit, werden von der Bundesregierung immer noch nicht geschlechterdifferenzierend betrachtet (vgl. BMAS 2017, S. 482f.). Dabei ist diese soziale Dimension Geschlecht Grundlage jeglicher Abgrenzung und Persönlichkeitsbildung. Auch ist die Ungleichbehandlung bezüglich des Arbeitsmarktes, der gesetzlichen Regelungen für heterosexuelle (Ehe-)Partner und der Arbeitsteilung bei familiären Aufgaben weiterhin im Sozialstaat verankert. So haben sich das Patriarchat der Männer und die Unterordnung der Frauen in den letzten 30 Jahren kaum verändert, auch die hegemonialen Verhältnisse unter Männern, gerade bei extrem marginalisierten Gruppen, wurden im Rahmen der Intersektionalität kaum erforscht. Dabei kann behauptet werden, dass in unserer heutigen Gesellschaft Obdachlosigkeit eher aus geschlechtlicher Ungleichbehandlung resultiert, als die Bedeutung der sozialen Schicht Grund für dieses Phänomen ist. Soziales Geschlecht wird also weiterhin entsprechend des biologischen Geschlechts gelebt und die gesellschaftlich bedingten Dispositionen des Habitus sind der Normalfall und definieren die Arbeitsteilung zwischen Mann und Frau. Die Emanzipation der Frau scheint auch nach 50 Jahren Frauenforschung in den marginalisierten Gruppen eher eine Theorie, als Struktur der gesellschaftlichen Entwicklung, zu bleiben. Dies resultiert, wie bereits behandelt, aus einem Defizit materieller und gesellschaftlicher Teilhabe.

Im fünften Reichtums- und Armutsbericht der Bundesregierung ist die Rede von der Erhebung einer bundeseinheitlichen Wohnungsnotfallstatistik als Reaktion auf Veränderungen im Wohnungsmarkt, der Einkommensverteilung und Demografie (Vgl. BMAS 2017, S. 485). Nun soll zunächst eine Machbarkeitsstudie initiiert werden, „um zu erforschen, auf welcher Methodik zukünftige Schätzungen von Wohnungslosigkeit basieren können." (ebd.). Also auch die Bundesregierung ist sich nicht sicher, wie Wohnungslosigkeit oder Obdachlosigkeit definiert und die Größenordnung marginalisierter Menschen festgehalten werden kann. Ein Problem stellen allein die Bewältigungsstrategien obdachloser Frauen dar, die anscheinend in großer Anzahl in die verdeckte Obdachlosigkeit flüchten und so aus Angst vor den männerdominierten institutionellen Hilfen selbst versuchen, ihre Existenz zu sichern. Bei Betrachtung des erhöhten Risikos für Frauen aufgrund geschlechtlicher Ungleichbehandlung in die Wohnungslosigkeit zu geraten und Vergleich mit der statistisch erfassten Zahl obdachloser Frauen, lässt dieser Vergleich auf eine hohe Dunkelziffer weiblicher Obdachlosigkeit schließen. Auch hier machen sich die sozialen Geschlechterrollen bemerkbar. „Männer tendieren schon immer auf Grund eines tradierten Verhaltensmusters und im Kontext eines traditionellen, patriarchalisch geprägten Geschlechterverhältnisses dazu, in der Öffentlichkeit eine Bühne zu suchen, vor den Augen anderer zu agieren, um deren Applaus zu erhalten. Frauen hingegen waren traditionell stärker auf den häuslichen Bereich verwiesen und handelten im Verborgenen, blieben allenfalls Zuschauer bei den Schauspielen der Männer." (Lutz 2002, S. 357). Daher sind auch die Ursachen für weibliche und männliche Obdachlosigkeit unterschiedliche. Frauen kommen oft aus benachteiligten Lebensverhältnissen, in denen sie Gewalterfahrungen, sexuellem Missbrauch oder Einkommensarmut durch Trennung oder Scheidung ausgesetzt waren (vgl. Lutz/ Simon 2012, S. 162). Männer kämpfen mit den Folgen des subjektiv empfundenen Versagens in ihrem Männlichkeitsanspruch durch Berufstätigkeit, ausreichendem Einkommen und der Versorgung der Familie.

Doch auch männliche Obdachlosigkeit bedarf spezifischer Hilfen und die Forschung zu marginalisierten Männern unter dem Druck der Hegemonie ist weiterhin kaum erfasst wurden, obwohl sie für eine bedarfsgerechte Soziale Arbeit ebenso wichtig wäre. So ist bei der Betrachtung der Lebenslagen, die als Determinanten für ein „gutes Leben" wichtig sind, auch der Sozialbindungs- und Geschlechtsrollenspielraum sowie der Selbstbestimmungsspielraum zu beachten (Enders-Dragässer und Sellach in Lutz 2002, S. 386).

Auch findet man im eben erwähnten Bericht der Bundesregierung keine Überlegungen zu geschlechterdifferenzierenden Einrichtungen oder Personal. Wie sich aus den Studien zu weiblicher und auch männlicher Obdachlosigkeit lesen lässt, finden diese Individuen eher Zugang zu niedrigschwelligen, frauengeprägten Angeboten[9]. Einrichtungen und Beratungsstellen sollen natürlich unter Beachtung eventueller Partnerschaften und Kinder dementsprechend geschlechterdifferenzierend arbeiten. Davon abgesehen, dass es generell noch keine ausreichende und flächendeckende Versorgung von Notunterkünften oder Beratungsstellen für Obdachlose gibt, sind gerade die geschlechterdifferenzierenden Einrichtungen eine Ausnahme. Auch ist eine bereichsübergreifende Wiedereingliederung der obdachlosen Männer und Frauen kaum möglich, da die verschiedenen Hilfesysteme, wie bereits beschrieben, kaum miteinander vernetzt sind und die materiellen und personellen Ressourcen nicht ausreichen, um einzelfallorientiert zu arbeiten.

So ausgiebig die Gender-Debatte in den letzten Jahrzehnten theoretisch behandelt wurde, so wenig findet sie in der Praxis bisher Anwendung. Aufgabe der Sozialarbeiter*innen ist es nun also, die Waage zwischen der Förderung der gesellschaftlichen Entwicklung hin zu einer (geschlechtsneutralen) Gleichbehandlung von Männern und Frauen bei gleichzeitiger geschlechtssensibler Behandlung der obdachlosen Individuen zu halten, wobei die Beziehung zwischen Wissenschaftsdisziplin und praxisorientierter Profession gemeint ist. Dabei sollte das Hauptaugenmerk im Kontext von Obdachlosigkeit auf Sozialer Arbeit liegen, die Menschen „befähigt und ermutigt [...], dass sie die Herausforderungen des Lebens bewältigen und das Wohlergehen verbessern, dabei bindet sie Strukturen ein." (DBSH 2014, S. 2).

---

[9] Auch die befragten Einrichtungsleitungen bestätigten mir, dass die Klient*innen eher Vertrauen zu den weiblichen Mitarbeiterinnen haben und mit ihnen ins persönliche Gespräch kommen, bzw. ihre zukünftigen Lebensalternativen planen.

Quellenverzeichnis

BAG Wohnungslosenhilfe e.V. (BAGW) (2012a): Empfehlung der BAG Wohnungslosenhilfe e.V. zur Organisation einer Beratungsstelle für Frauen in besonderen sozialen Schwierigkeiten. Positionspapier 98. Aktualisierte Fassung. Verfügbar unter: http://bagw.de/de/publikationen/pospap/postion_frauen.html (Zugriff am 02.11.17)

BAG Wohnungslosenhilfe e.V. (BAGW) (2012b): Frauen in Wohnungslosigkeit und Wohnungsnot – Darstellung der Lebenslagen und der Anforderungen an eine bedarfsgerechte Hilfe. Positionspapier 03. Aktualisierte Fassung. Verfügbar unter: http://bagw.de/de/publikationen/pospap/postion_frauen.html (Zugriff am 02.11.17)

BAG Wohnungslosenhilfe e.V. (BAGW) (2016): Statistikbericht 2015 – Aktuelle Daten zur Lebenslage wohnungsloser und von Wohnungslosigkeit bedrohter Menschen in Deutschland. Verfügbar unter: http://bagw.de/de/themen/statistik_und_dokumentation/statistikberichte/index.html (Zugriff am 27.10.17)

Bundesarbeitsgemeinschaft Wohnungslosenhilfe (BAWO) (2005): ETHOS – Europäische Typologie für Obdachlosigkeit, Wohnungslosigkeit und prekäre Wohnungsversorgung. Verfügbar unter: http://www.bawo.at/fileadmin/user_upload/public/Dokumente/Publikationen/Grundlagen/Ethos_NEU_d.pdf (Zugriff am 25.10.2017)

Bundesministerium für Arbeit und Soziales (BMAS) (Hrsg.) (2017): Lebenslagen in Deutschland – 5. Reichtums- und Armutsbericht der Bundesregierung. Verfügbar unter: http://www.armuts-und-reichtumsbericht.de/SharedDocs/Downloads/Berichte/5-arb-langfassung.pdf?__blob=publicationFile&v=6 (Zugriff am 02.11.2017)

Bramesfeld, Anke, Stoppe, Gabriela (2006): Einführung. In: Stoppe, Gabriela, Bramesfeld, Anke, Schwartz, Friedrich-Wilhelm (Hrsg.): Volkskrankheit Depression? – Bestandsaufnahme und Perspektiven. Berlin/ Heidelberg: Springer-Verlag. S. 1-12

Bundeskriminalamt (BKA) (Hrsg.) (2016): Polizeiliche Kriminalstatistik. Jahrbuch 2016 – Band 2: Opfer. Wiesbaden: BKA

Bundespsychotherapeutenkammer (BPtK) (2011): Bevölkerungsanteil mit psychischen Erkrankungen in Deutschland nach Geschlecht und Altersgruppe im Jahr 2011. Verfügbar unter: https://de.statista.com/statistik/daten/studie/221496/umfrage/psychische-erkrankungen-in-der-deutschen-allgemeinbevoelkerung/ (Zugriff am 16.11.17)

Clausen, Gisela (1981): Misshandelte Frauen im Netz Sozialer Hilfen – Untersuchung im Auftrag der Freien und Hansestadt Hamburg, Leitstelle Gleichstellung der Frau. Hamburg: Leitstelle Gleichstellung der Frau

Connell, Robert William (2006): Der gemachte Mann – Konstruktion und Krise von Männlichkeiten. 3. Auflage. Wiesbaden: VS Verlag für Sozialwissenschaften

Deutsche Angestellten-Krankenkasse (DAK) (2012): Wichtigste Einzeldiagnosen bei psychischen Erkrankungen in Deutschland nach Geschlecht im Jahr 2012 (AU-Tage je 100 VJ*). Verfügbar unter: https://de.statista.com/statistik/daten/studie/254243/umfrage/wichtigste-einzeldiagnosen-bei-psychischen-erkrankungen-nach-geschlecht/ (Zugriff am 16.11.17)

Deutscher Berufsverband für Soziale Arbeit e.V. (DBSH) (Hrsg.) (2014): Deutschsprachige Definition Sozialer Arbeit des Fachbereichstag Soziale Arbeit und DBSH. Verfügbar unter: https://www.dbsh.de/fileadmin/downloads/20161114_Dt_Def_Sozialer_Arbeit_FBTS_DBSH_02.pdf (Zugriff am 20.11.2017)

Eckes, Thomas (2010): Geschlechterstereotype: Von Rollen, Identitäten und Vorurteilen. In: Becker, Ruth, Kortendiek, Beate (Hrsg.): Handbuch Frauen- und Geschlechterforschung – Theorien, Methoden, Empirie. 3., erweiterte und durchgesehene Auflage. Wiesbaden: VS Verlag für Sozialwissenschaften. S.178-189

FEANTSA (2005): ETHOS – European Typology of Homelessness ans Housing Exclusion. Verfügbar unter: http://www.feantsa.org/download/ethos3742009790749358476.pdf (Zugriff am 25.10.2017)

Fichtner, Jörg, et al. (2005): „Dass die Leute und nich' alle über einen Kamm scheren" – Männer in Wohnungsnot. Eine qualitative Untersuchung zu Deutungsmustern und Lebenslagen bei männlichen Wohnungsnotfällen. Frankfurt am Main: GSF e.V. und Forschungsverband Wohnungsnotfälle. Verfügbar unter: http://www.gsfev.de/pdf/maenner_in_Wohnungsnot.pdf (Zugriff am 26.10.17)

Geißler, Heiner (1976): Die Neue Soziale Frage – Analysen und Dokumente. Freiburg im Breisgau: Verlag Herder KG

Gildemeister, Regine (2010): Doing Gender: Soziale Praktiken der Geschlechterunterscheidung. In: Becker, Ruth, Kortendiek, Beate (Hrsg.): Handbuch Frauen- und Geschlechterforschung – Theorien, Methoden, Empirie. 3., erweiterte und durchgesehene Auflage. Wiesbaden: VS Verlag für Sozialwissenschaften. S. 137-145

Gillich, Stefan, Nieslony, Frank (2000): Armut und Wohnungslosigkeit – Grundlagen, Zusammenhänge und Erscheinungsformen. Köln/ Wien/ Aarau: Fortis Verlag in Verlagsgemeinschaft mit Bohmann Buchverlag – MANZ – Bildung Sauerländer

Graf, Julia (2010): Aufstocker/innen im SGB II – Feministische Implikationen der Gleichzeitigkeit von Erwerbstätigkeit und Grundsicherung. In: Jaehrling, Karen, Rudolph, Clarissa (Hrsg.): Grundsicherung und Geschlecht – Gleichstellungspolitische Befunde zu den Wirkungen von ‚Hartz IV'. Münster: Verlag Westfälisches Dampfboot. S. 117-130

Hassemer-Kraus, Maria (2010): Wohnungslose Frauen: Bedarfsorientierte Hilfe am Beispiel der Zentralen Frauenberatung in Stuttgart. In: Gillich, Stefan, Nagel, Stephan: Von der Armenhilfe zur Wohnungslosenhilfe – und zurück?. Gründau-Rothenbergen: TRIGA – Der Verlag. S. 228-237

Heise, Eva-Maria, Krägeloh, Martina (2010): Veränderte Bedarfe und Bedürfnisse wohnungsloser Frauen am Beispiel der Berliner „Notübernachtung für Frauen". In: Gillich, Stefan, Nagel, Stephan (Hrsg.): Von der Armenhilfe zur Wohnungslosenhilfe – und zurück?. Gründau-Rothenbergen: TRIGA – Der Verlag. S.219-227

Keddi, Barbara (2010): Junge Frauen: Vom doppelten Lebensentwurf zum biografischen Projekt. In: Becker, Ruth, Kortendiek, Beate (Hrsg.): Handbuch Frauen- und Geschlechterforschung – Theorien, Methoden, Empirie. 3., erweiterte und durchgesehene Auflage. Wiesbaden: VS Verlag für Sozialwissenschaften. S. 436-441

Krais, Beate, Gebauer, Gunter (2002): Habitus. Bielefeld: transcript Verlag

Lenz, Ilse (2010): Intersektionalität: Zum Wechselverhältnis von Geschlecht und sozialer Ungleichheit. In: Becker, Ruth, Kortendiek, Beate (Hrsg.): Handbuch Frauen- und Geschlechterforschung – Theorien, Methoden, Empirie. 3., erweiterte und durchgesehene Auflage. Wiesbaden: VS Verlag für Sozialwissenschaften. S.158-165

Lutz, Ronald (2002): Wohnungslose Frauen – Zur gesellschaftlichen Konstruktion „besonderer Lebenslagen". In: Hammer, Veronika, Lutz, Ronald (Hrsg.): Weibliche Lebenslagen und soziale Benachteiligung – Theoretische Ansätze und empirische Beispiele. Frankfurt/ New York: Campus Verlag. S. 341-377

Lutz, Ronald, Simon, Titus (2012): Lehrbuch der Wohnungslosenhilfe – Eine Einführung in Praxis, Positionen und Perspektiven. 2., überarbeitete Auflage. Weinheim/ Basel: Beltz Juventa

Paegelow, Claus (2014): Bibliografie Wohnungsnot, Obdachlosigkeit & Wohnungslosenhilfe 1850-2014. Bremen: Claus Paegelow

Schniering, Daniel (2006): Kinder- und Jugendarmut in Deutschland – Grundlagen, Dimensionen, Auswirkungen. Saarbrücken: VDM Verlag Dr. Müller

Sellach (2010): Armut: Ist Armut weiblich?. In: Becker, Ruth, Kortendiek, Beate (Hrsg.): Handbuch Frauen- und Geschlechterforschung – Theorien, Methoden, Empirie. 3., erweiterte und durchgesehene Auflage. Wiesbaden: VS Verlag für Sozialwissenschaften. S. 471-479

Statistisches Bundesamt (StBA) (2017a): Bei Paaren mit kleinen Kindern ist eine Vollzeittätigkeit für Mütter eine Ausnahme – Pressemitteilung vom 07. März 2017. 077/17. Verfügbar unter: https://www.destatis.de/DE/PresseService/Presse/Pressemitteilungen/2017/03/PD17_077_122pdf.pdf?__blob=publicationFile (Zugriff am 12.11.2017)

Statistisches Bundesamt (StBA) (2017b): Arbeitsmarkt. In: Statistisches Jahrbuch 2017. Band 13. Verfügbar unter: https://www.destatis.de/DE/Publikationen/StatistischesJahrbuch/Arbeit smarkt.pdf?__blob=publicationFile (Aufgerufen am 17.11.17)

Statistisches Bundesamt (StBA) (2017): Scheidungsquote in Deutschland von 1960 bis 2015. Verfügbar unter: https://de.statista.com/statistik/daten/studie/76211/umfrage/scheidun gsquote-von-1960-bis-2008/. (Zugriff am 16.11.17)

Steinert, Erika (1997): Erscheinungsformen und Ausmaß der Wohnungslosigkeit alleinstehender Frauen, Ursachen und Wege in die Wohnungslosigkeit. In: Bundesministerium für Familie, Senioren, Frauen und Jugend (Hrsg.): Alleinstehende Frauen ohne Wohnung. Schriftenreihe Band 124. Stuttgart/ Berlin/ Köln: Verlag W. Kohlhammer. S. 23-58

Torchalla, Iris, et al. (2004): Wohnungslose Frauen mit psychischer Erkrankung – eine Feldstudie. In: Psychiatrische Praxis 2004. 31 (5). Stuttgart/ New York: Georg Thieme Verlag KG. S.228-235